BuddhAll

BuddhAll.

All is Buddha.

BuddhAll

BuddhAll

談錫永 著

# 密意 文殊師利二經

*Saptaśatikā-prajñāpāramitā &*
*Acintya-buddhaviṣaya-nirdeśa*

文殊師利菩薩不二法門有眾多經典，
現在先選出兩本詮釋其密意。
所選兩經為《文殊師利說般若會》及
《文殊師利說不思議佛境界經》。
選這兩本經的原故，是由於兩經所說彼此可以融匯。

# 目　錄

文殊師利菩薩

# 總序

## 一　說密意

　　本叢書的目的在於表達一些佛家經論的密意。甚麼是密意？即是「意在言外」之意。一切經論都要用言說和文字來表達，這些言說和文字只是表達的工具，並不能如實表出佛陀說經、菩薩造論的真實意，讀者若僅依言說和文字來理解經論，所得的便只是一己的理解，必須在言說與文字之外，知其真實，才能通達經論。

　　《入楞伽經》有偈頌言——

　　　　由於其中有分別　　名身句身與文身

　　　　凡愚於此成計著　　猶如大象溺深泥[1]

　　這即是說若依名身、句身、文身來理解經論，便落於虛妄分別，由是失去經論的密意、失去佛與菩薩的真實說。所以在《大涅槃經》中，佛說「四依」（依法不依人、依義不依語、依智不依識、依了義不依不了義），都是依真實而不依虛妄分別，其中的「依義不依語」，正說明讀經論須依密意而非依言說文字作理解。佛將這一點看得很嚴重，在經中更有頌言——

---

[1]　依拙譯《入楞伽經梵本新譯》，第二品，頌172。台北：全佛文化，2005。下引同。

彼隨語言作分別　　即於法性作增益
以其有所增益故　　其人當墮入地獄[2]

　　這個頌便是告誡學佛的人不應依言說而誹謗密意，所以在經中便有如下一段經文——

　　世尊告言：大慧，三世如來應正等覺有兩種教法義（dharma-naya），是為言說教法（deśanā-naya）、自證建立教法（siddhānta-pratyavasthāna-naya）。

　　云何為言說教法之方便？大慧，隨順有情心及信解，為積集種種資糧而教導經典。云何為觀修者離心所見分別之自證教法？此為自證殊勝趣境，不墮一異、俱有、俱非；離心意意識；不落理量、不落言詮；此非墮入有無二邊之外道二乘由識觀可得嚐其法味。如是我說為自證。[3]

　　由此可知佛的密意，即是由佛內自證所建立的教法，只不過用言說來表達而已。如來藏即是同樣的建立，如來法身不可思議、不可見聞，由是用分別心所能認知的，便只是如來法身上隨緣自顯現的識境。所以，如來法身等同自證建立教法，顯現出來的識境等同言說教法，能認知經論的密意，即如認知如來法身，若唯落於言說，那便是用「識觀」來作分別，那便是對法性作增益，增益一些識境的名言句義於法性上，那便是對佛密意的誹謗、對法性的損害。

　　這樣，我們便知道理解佛家經論密意的重要，若依文解字，便是將識境的虛妄分別，加於無分別的佛內自證智境上，

---

[2]　同上，第三品，頌34。

[3]　同上，第三品，頁151。

將智境增益名言句義而成分別，所以佛才會將依言說作分別看得這麼嚴重。


## 二　智識雙運

　　由上所說，我們讀經論的態度便是不落名言而知其密意，在這裡強調的是不落名言，而不是屏除名言，因為若將所有名言都去除，那便等於不讀經論。根據言說而不落言說，由是悟入經論的密意，那便是如來藏的智識雙運，亦即是文殊師利菩薩所傳的不二法門。

　　我們簡單一點來說智識雙運。

　　佛內自證智境界，名為如來法身。這裡雖說為「身」，其實只是一個境界，並非有如識境將身看成是個體。這個境界，是佛內自證的智境，所以用識境的概念根本無法認知，因此才不可見、不可聞，在《金剛經》中有偈頌說——

　　　　若以色見我　　以音聲求我
　　　　是人行邪道　　不能見如來

　　色與音聲都是識境中的顯現，若以此求見如來的法身、求見如來的佛內智境，那便是將如來的智境增益名言，是故稱為邪道。

　　如來法身不可見，因為遍離識境。所以說如來法身唯藉依於法身的識境而成顯現，這即是依於智識雙運而成顯現。經論的密意有如如來法身，不成顯現，唯藉依於密意的言說而成顯現，這亦是依於智識雙運而成顯現。如果唯落於言說，那便有如「以色見我，以音聲求我」。當然不能見到智境、不能見

到經論的密意。不遣除言說而見密意，那便是由智識雙運而見，這在《金剛經》中亦有一頌言（義淨譯）——

　　應觀佛法性　　即導師法身
　　法性非所識　　故彼不能了

　　是即不離法性以見如來法身（導師法身），若唯落識境（言說），即便不能了知法性，所謂不離法性而見，便即是由智識雙運的境界而見，這亦即是不二法門的密意，雜染的法與清淨的法性不二，是即於智識雙運的境界中法與法性不二。

　　然而，智識雙運的境界，亦即是如來藏的境界，筆者常將此境界比喻為螢光屏及屏上的影像，螢光屏比喻為如來法身，即是智境；法身上有識境隨緣自顯現，可比喻為螢光屏上的影像，即是識境。我們看螢光屏上的影像時，若知有螢光屏的存在，那便知道識境不離智境而成顯現（影像不離螢光屏而成顯現），因此無須離開影像來見螢光屏（無須離開言說來見密意），只須知道螢光屏唯藉影像而成顯現（密意唯藉言說而成顯現），那便可以認識螢光屏（認識經論的密意）。這便即是「應觀佛法性，即導師法身」，也即是「四依」中的「依義不依語」、「依智不依識」、「依了義不依不了義」。

　　簡單一點來說，這便即是「言說與密意雙運」，因此若不識如來藏，不知智識雙運，那便不知經論的密意。


## 三　略說如來藏

　　欲知佛的密意須識如來藏，佛的密意其實亦說為如來藏。支那內學院的學者呂澂先生，在〈入楞伽經講記〉中說——

此經待問而說，開演自證心地法門，即就眾生與佛
共同心地為言也。

自證者，謂此心地乃佛親切契合而後說，非臆測推
想之言。所以說此法門者，乃佛立教之本源，眾生
入道之依處。[4]

由此可見他實知《入楞伽經》的密意。其後更說 ——

四門所入，歸於一趣，即如來藏。佛學而與佛無
關，何貴此學，故四門所趣必至於如來藏，此義極
為重要。[5]

所謂「四門」，即《入楞伽經》所說的「八識」、「五
法」、「三自性」及「二無我」，呂澂認為這四門必須歸趣入
如來藏，否則即非佛學，因此他說 ——

如來藏義，非楞伽獨倡，自佛說法以來，無處不
說，無經不載，但以異門立說，所謂空、無生、無
二、以及無自性相，如是等名，與如來藏義原無差
別。[6]

佛說法無處不說如來藏、無經不載如來藏，那便是一切
經的密意、依內自證智而說的密意；由種種法異門來說，如說
空、無生等，那便是言說教法，由是所說四門實以如來藏為密
意，四門只是言說。

呂澂如是說四門——

---

4　《呂澂佛學論著選集》卷二，頁 1217，齊魯書社，1991。下引同。

5　同上，頁 1261。

6　同上。

前之四法門亦皆說如來藏，何以言之？八識歸於無
生，五法極至無二，三性歸於無性，二空歸於空
性，是皆以異門說如來藏也。

這樣，四門實在已經包括一切經論，由是可知無論經論
由那一門來立說，都不脫離如來藏的範限。現在且一說如來藏
的大意。

認識如來藏，可以分成次第 ——

一、將阿賴耶識定義為雜染的心性，將如來藏定義
為清淨的心性，這樣來理解便十分簡單，可以
說心受雜染即成阿賴耶識，心識清淨即成如來
藏心。

二、深一層次來認識，便可以說心性本來光明清
淨，由於受客塵所染，由是成為虛妄分別心，
這本淨而受染的心性，便即是如來藏藏識。本
來清淨光明的心性，可以稱為如來藏智境，亦
可以稱為佛性。

三、如來藏智境實在是一切諸佛內自證智境界，施
設名言為如來法身。如來法身不可見，唯藉識
境而成顯現。這樣，藉識境而成顯現的佛內自
證智境便名為如來藏。

關於第三個次第的認識，可以詳說 ——

如來法身唯藉識境而成顯現，這個說法，還有密意。一
切情器世間，實在不能脫離智境而顯現，因為他們都要依賴如
來法身的功能，這功能說為如來法身功德。所以正確地說，應

該說為：如來法身上有識境隨緣自顯現，當這樣說時，便已經有兩重密意：一、如來法身有如來法身功德；二、識境雖有如來法身功德令其得以顯現，可是還要「隨緣」，亦即是隨著因緣而成顯現，此顯現既為識境，所依處則為如來法身智境，兩種境界雙運，便可以稱為「智識雙運界」。

　　甚麼是「雙運」？這可以比喻為手，手有手背與手掌，二者不相同，可是卻不能異離，在名言上，即說二者為「不一不異」，他們的狀態便稱為雙運。

　　如來法身智境上有識境隨緣自顯現，智境與識境二者不相同，可是亦不能異離，沒有一個識境可以離如來法身功德而成立，所以，便不能離如來法身而成立，因此便說為二者雙運，這即是智識雙運。

　　如來法身到底有甚麼功能令識境成立呢？第一，是具足周遍一切界的生機，若無生機，沒有識境可以生起，這便稱為「現分」；第二，是令一切顯現能有差別，兩個人，絕不相同，兩株樹，亦可以令人分別出來，識境具有如是差別，便是如來法身的功能，稱為「明分」，所謂「明」，即是能令人了別，了了分明。

　　智境有這樣的功能，識境亦有它自己的功能，那便是「隨緣」。「隨緣」的意思是依隨著緣起而成顯現。這裡所說的緣起，不是一般所說的「因緣和合」，今人說「因緣和合」，只是說一間房屋由磚瓦木石砌成；一隻茶杯由泥土瓷釉經工人燒製而成，如是等等。這裡說的是甚深緣起，名為「相礙緣起」，相礙便是條件與局限，一切事物成立，都要適應相礙，例如我們這個世間，呼吸的空氣，自然界的風雷雨電，如是等等都要適應。尤其是對時空的適應，我們是三度空間的生

命，所以我們必須成為立體，然後才能夠在這世間顯現。這重緣起，說為甚深秘密，輕易不肯宣說，因為在古時候一般人很難瞭解，不過對現代人來說，這緣起便不應該是甚麼秘密了。

這樣來認識如來藏，便同時認識了智識雙運界，二者可以說為同義。於說智識雙運時，其實已經表達了文殊師利法門的「不二」。

## 四　結語

上來已經簡略說明密意、智識雙運與如來藏，同時亦據呂澂先生的觀點，說明「無經不載如來藏」，因此凡不是正面說如來藏的經論，都有如來藏為密意，也即是說，經論可以用法異門為言說來表達，但所表達的密意唯是如來藏（亦可以說為唯是不二法門），因此我們在讀佛典時，便應該透過法異門言說，來理解如來藏這個密意。

例如說空性，怎樣才是空性的究竟呢？如果認識如來藏，就可以這樣理解：一切識境實在以如來法身為基，藉此基上的功能而隨緣自顯現，顯現為「有」，是即說為「緣起」，緣起的意思是依緣生起，所以成為有而不是成為空。那麼，為甚麼又說「性空」呢？那是依如來法身基而說為空，因為釋迦將如來法身說為空性，比喻為虛空，還特別聲明，如來法身只能用虛空作為比喻，其餘比喻都是邪說，這樣一來，如來法身基（名為「本始基」）便是空性基，因此在其上顯現的一切識境，便只能是空性。此如以水為基的月影，只能是水性；以鏡為基的鏡影，只能是鏡性。能這樣理解性空，即是依如來藏密意而成究竟。

　　以此為例，即知凡說法異門實都歸趣如來藏，若不依如來藏來理解，便失去密意。因此，本叢書即依如來藏來解釋一些經論，令讀者知經論的密意。這樣來解釋經論，可以說是一個嘗試，因為這等於是用離言來解釋言說，實在並不容易。這嘗試未必成功，希望讀者能給予寶貴意見，以便改進。

談錫永

2011年5月19日七十七歲生日

# 別序

文殊師利菩薩不二法門有眾多經典，現在先選出兩本詮釋其密意。所選兩經為《文殊師利說般若會》及《文殊師利說不思議佛境界經》（兩經全名見內文，此處只用簡稱）。

選這兩本經的緣故，是由於兩經所說彼此可以融匯。

文殊說般若波羅蜜多，是由不二法門來說空性，因此並非只說「緣生性空」，更不是由緣起來說諸法空性。然而，他的說法與「緣生性空」亦無相違，於不二法門中，由緣生而成為有的只是現象，這些現象不能執為實法，因此一切諸法本體為空。與空相對，則是執現象為實法的有。如何超越有法，即是於不二中離一切相對，因為凡執現象為實法必依相對，倘若超越相對，即成不二，是即於不二中超越有法。

當超越有法時，倘若要追究一切諸法的自性，不二法門便說之為「本性自性」，亦即一切諸法以其本性為自性。所謂本性，即是佛性，亦即如來智性，因為一切法都是如來智境上的自顯現，所以一切法的自性，其本性便即是如來智性。此如鏡中影像，其自性必為鏡性，這鏡性便是鏡影的自性，所以說為「本性自性」。這原是釋迦的說法，在本叢書中，即有《無邊莊嚴會密意》一書，說「本性自性空」的密意，讀者可以參考。

由不二來說空性，即佛家所說的畢竟空、究竟空。因為對於空及空性有種種說法，然而卻都沒有由本性來說空性。可

以說，本性自性空其實即是佛二轉法輪時說空的密意，正由於本性自性空，才能說一切諸法如夢如幻。夢與幻亦是現象，在夢境與幻境中現象亦成為有，但若檢討其本性，若依現像來說，不防說是夢性與幻性，但若依其本性，便是「本性自性空」，所以如夢如幻即是空性。能如是知，便知如夢如幻的密意，同時亦知畢竟空的密意。

正因為識境中一切諸法的自性即是本性，所以本經便另有一個主題說離因果，這不是否定因果，只是因為識境中一切法本性自性空，是故識境中的因果，亦必須說其自性為本性，當知本性即是不可思議佛境界時，自然由不二而超越因果，亦必須超越因果才能現證深般若波羅蜜多。

這樣，便引導到《文殊師利說不思議佛境界經》。這本經先說佛境界，然後說入佛境界的觀修。

說佛境界，即說佛內自證智境界。佛內自證智即是如來法身，亦即法界，因為身、智、界三無分別。如實而言，身、智、界三者其實都是施設，所以要施設，只是為了方便言說，若不施設這些名言，於說法時即無可表達，反正便是這樣的一個「境界」。甚至我們說「境界」這名相時，亦未如實說出實相，但我們卻不能不用「境界」這一名詞，來表達佛所現證。

不過，佛內自證智境界亦非與識境了不相關，在這境界上，有種種識境隨緣自顯現，因為這智境有令識境自顯現的功能。這在不二法門中，便可以說為智境與識境不二，當說如來藏時，則可以說此為智境與識境雙運的境界，是即如來藏。文殊師利說佛境界，即依此而說。

然而本經並非只說不二法門的法義，他還有很大的篇

幅，說由觀修悟入佛境界之所行，這便是本經的第二部份。在這部份，又再分為兩份。先說不放逸行，行者必須以不放逸行為前行，然後才可以入經中所說的菩薩道。是故說不放逸行與說菩薩道兩份，實為學佛的人所須知。無論依甚麼宗派作觀修，都應該認識文殊師利所說。

文殊師利於說此兩份菩薩行時，許多處並未依不二而說，如說「頭陀功德」，即依識境而說，此即因並非全為已登地的菩薩說法，實亦同時為欲入菩薩道的初機而說，是故即不能唯依不二而行。

如上所說，便知道我們為甚麼將此兩經合成一冊，說其密意。望讀者能依此脈絡來理解文殊所說的密意。是為序。

談錫永

2012年9月

《文殊師利說般若會》

# 引言

《文殊師利說般若會》梵名為《七百頌般若》
（*Saptaśatikā-prajñāpāramitā*），不分品。現存漢譯有三種，
——

1‧梁曼陀羅仙譯《文殊師利所說摩訶般若波羅蜜多經》
二卷，收入《大寶積經》（簡稱【曼譯】）。

2‧梁扶南國三藏僧伽婆羅譯《文殊師利所說般若波羅蜜
多經》一卷（簡稱【僧譯】）。

3‧唐三藏法師玄奘譯《大般若波羅蜜多經‧曼殊室利
分》二卷（簡稱【奘譯】）。

三種異譯，以玄奘譯較為妥帖。曼陀羅仙譯略有省文，
反之，僧伽婆羅譯則增文、省文皆甚多。尋其原因，一者、所
依梵本不同；二者、可能由筆受者所致，筆受者在聽譯師講譯
時，有所詢問，譯師為之解答，而筆受者則將譯師之所解亦錄
入正文，由是即成增文；若筆受者於筆受時，於法義不明處，
逕行刪略，由是即成省文。

今筆者欲說文殊師利說般若之密意，雖以玄奘譯為底
本，但覺得餘二譯亦可參考，因曼譯雖有省文，然其中有些文
句較玄奘譯為精煉準確；由僧伽婆羅譯，時可見譯師講解法義
的意趣，其講解雖未盡得密意，但亦可有助於理解文句。

本經由文殊師利菩薩說深般若波羅蜜多，文殊師利所說
法門，名為不二法門，所以這裡，亦由不二而說深般若。不二

法門即如來藏法門，故說深般若波羅蜜多便亦即說如來藏。

在一般人的印象中，釋迦於二轉法輪說般若波羅蜜多，即是說空。甚至有人認為，釋迦說空，究竟義即是「緣生」，所以說緣起是佛家的根本思想，然而，此實為錯見。若落於緣起而窺佛法，則實不知須由離緣起而成佛，所以緣起必非究竟，只是佛的言說。有這錯見的人，以為一切法因為緣生所以自性空。這樣一來，對般若波羅蜜多便生歪曲，更不要說對深般若波羅蜜多的誤解了。

釋迦說空的同時，已明說，空只是假施設，只是名言，般若亦只是假施設，只是名言。佛雖依密意說法，但不能不有所言說，要言說便非假施設不可，非利用名言不可，因此我們便不能依空這個名言，來理解釋迦說空的密意。

釋迦說空，實依一切諸法如夢如幻，無有本質而說。所以亦說一切諸法如鏡中影，如水中月。可見釋迦說無自性，並非因為緣生所以說為無自性，只是因為如夢、如幻、如鏡影、如水月而無自性，這便即是「本性自性」（此於下來更說）。至於緣生，不是由緣生來成立一切諸法空，實在是成立一切諸法緣生而成為有，於識境中，一切諸法由緣生而成存在與顯現，由是而成為有，這本是無可諍論的事實，只是因為這存在與顯現並非真實，無非是如幻的似顯現，是故我們才說它是空。所以當說「緣生性空」時，實在是說「空有雙運」，「緣生有」與「自性空」雙運，緣生與自性並沒有因果的關係，不是因為緣生，所以性空，亦不是因為性空，所以可以緣生。

在本經中，文殊師利即由不二法門來說性空，而非由緣起來說一切諸法空及其自性空。上來已說是因為一切諸法的自性即是本性，自性與本性不二，這在名言上，便說為「本性自

性」（參考《無邊莊嚴會》）。

以鏡影為例，鏡影的自性是甚麼？即是鏡性。鏡中一切影像不能說不以鏡性為自性，然而這個自性，卻實在是以鏡的本性為性，所以便可以說鏡影實無自性，有的只是本性，這便稱為本性自性。

其實在現代，應該以螢光屏為例。螢光屏上的影像，好像有他們的自性，火有火性、水有水性，這在螢光屏的影像世界中十分真實，但離開影像世間，便見一切影像的自性，實在只是螢光屏性。當我們施設螢光屏為空性時，一切影像的本性便是空性，在影像世界中見一切影像的自性，其實亦是螢光屏性。

所以對於「緣生性空」，我們應該這樣理解：在螢光屏影像世界中，見一切法由緣生而成存在、顯現，如是而成為有，然而一切法，卻只有本性自性（例如螢光屏性、鏡性），無有如其顯現的自性（如火顯現的火性）。如是「空有雙運」，才能得「緣生性空」的正解。說為正解，因為與一切經論都不相違背，倘若說「因為緣生，所以性空」，那就與文殊師利的不二法門相違、與彌勒菩薩所說的「善取空」瑜伽行相違。[1]

由上所說，即知文殊般若法門為不二見、甚深見。由此見地，才能由不二來說空、無相、無願三解脫門，同時亦能為

---

[1] 彌勒《瑜伽師地論》依《小空經》說善取空。《小空經》云：「若此中無者，以此故我見是空；若此有餘者，我見真實有。阿難，是謂行真實空不顛倒也。」是故於說「緣生性空」時，見一切法自性空，便只能空掉諸法的自性，緣生是自性之外的建立，是即經文所說的「餘者」，故當見其為真實有。

輪迴、涅槃建立正見。

經中有一個重要的主題，文殊師利說離因果，然而這並不是否定因果，因果於識境中十分真實，一如於識境中可以為一切法建立自性，這自性於識境中亦十分真實，但若基於不二，識境中一切諸法的自性實在即是本性，那麼，善與惡的本性都可以說為空性，由是不二，由是即離因果。

以離因果為例，即可知文殊般若，如何離一切識境的名言句義，亦即由離名言句義而說不二。經中所說，大致都是如此。佛說，須離佛的言說而知佛的密意，文殊師利即同於佛之所說，是故文殊師利的不二法門，可以說是顯示諸佛密意的法門。

於顯示諸佛密意時，見地基於智境與識境雙運的不二，是故文殊師利之所說，其實即是說智識雙運的境界。佛的言說，許多時候只立足於識境而說，譬如說唯識，顯然就是基於識境而說，完全未觸及智境。於說緣生時，亦同樣是立足於識境，由緣生而成立一切諸法為有。佛這些言說，在識境中可說為真實，在智識雙運境中即不真實。是故必須理解佛的密意，知道佛說唯識，是為了成立外境必須依於內識才成顯現；佛說緣生，是為了成立外境如何而成為有。這樣，我們便不會將唯識當成是了義、將緣生看成是佛的根本思想。所以彌勒瑜伽行並非只說唯識，所證實為智識雙運的如來藏果，如是才由識境過渡入智境，成為轉依（轉識成智）。這樣的轉依，才是「真唯識」，其實亦與文殊師利的不二法門一致；同樣，龍樹說緣生性空，亦從來沒有說緣起是佛的究竟法，所以在《大智度論》中，一直強調如何現證甚深般若波羅蜜多。

依於上來所說，即大致上可理解本經的密意。

# 《文殊師利說般若會》

梵名：*Ārya-saptaśatikā-nāma-prajñāpāramitā-mahāyāna-sūtra*

藏名：*'Phags pa shes rab kyi pha rol tu phyin pa bdun brgya pa zhes bya ba theg pa chen po'i mdo*

漢名：聖七百般若波羅蜜多大乘經〔文殊說般若會第四十六〕

# 前分

【奘譯】　如是我聞，一時薄伽梵在室羅筏住誓多林給孤獨園，與大苾芻眾百千人俱，皆阿羅漢，唯阿難陀猶居學地，舍利子等而為上首。復與菩薩摩訶薩眾十千人俱，皆不退轉功德甲冑而自莊嚴。慈氏菩薩、妙吉祥菩薩、無礙辯菩薩、不捨善軛菩薩而為上首。

曼殊室利童子菩薩明相現時出自住處，詣如來所，在外而立。具壽舍利子、大伽多衍那、大迦葉波、大採菽氏、滿慈子、執大藏，如是一切大聲聞僧，亦於此時各從住處，詣如來所，在外而立。

**【曼譯】**　如是我聞，一時佛在舍衛國祇樹給孤獨園，與大比丘僧滿足千人，菩薩摩訶薩十千人俱，以大莊嚴而自莊嚴，皆悉已住不退轉地。其名曰：彌勒菩薩、文殊師利菩薩、無礙辯菩薩、不捨擔菩薩，與如是等大菩薩俱。

文殊師利童真菩薩摩訶薩，明相現時從其住處來詣佛所，在外而立。爾時尊者舍利弗、富樓那彌多羅尼子、大目捷連、摩訶迦葉、摩訶迦栴延、摩訶拘絺羅，如是等諸大聲聞，各從住處，俱詣佛所，在外而立。

**【僧譯】**　如是我聞，一時佛在舍衛國祇樹給孤獨園，與大比丘眾一萬人俱；及諸菩薩摩訶薩十萬人俱，皆悉住於不退轉地，久已供養無量諸佛，於諸佛所深種善根，成就眾生，淨佛國土，得陀羅尼，獲樂說辯才，成就智慧，具足功德，以自在神通遊諸佛世界，放無量光明，說無盡妙法，教諸菩薩入一相門，得無所畏，善降眾魔，教化度脫外道邪見。若有眾生樂聲聞者說聲聞乘，樂緣覺者說緣覺乘，樂世間者說世間乘。以布施、持戒、忍辱、精進、禪定、智慧攝諸眾生，未度者度，未脫者脫，未安者安，未泥洹者令得泥洹，究竟菩薩所行，善入諸佛法藏，如是種種功德皆悉足。

其名曰：文殊師利法王子菩薩、彌勒菩薩、普光明菩薩、不捨勇猛精進菩薩、藥王菩薩、寶掌菩薩、寶印菩薩、月光菩薩、日淨菩薩、大力菩薩、無量力菩薩、得勤精進菩薩、力幢相菩薩、法相菩薩、自在王菩薩。如是等菩薩摩訶薩十萬人俱。并餘天、龍、鬼、神等一切大眾，皆悉來集。

爾時世尊於中夜時放大光明，青、黃、赤、白、雜頗梨色，普照十方無量世界。一切眾生觸此光者，皆從臥起，見此光明皆得法喜，咸生疑惑：光何來？普遍世界，令諸眾生得安隱樂。

作是念已。於一一光復出大光明，照耀殊特，勝於前光，如是展轉乃至十重。一切菩薩及諸比丘、比丘尼、優婆塞、優婆夷，天、龍、夜叉、

乾闥婆、阿修羅、迦樓羅、緊那羅、摩睺羅伽、
人非人等，咸皆踊躍，得未曾有。各各思念：必
是如來放此光明，我等應當疾至佛所，禮拜親近
恭敬如來。

是時文殊師利及諸菩薩摩訶薩眾遇此光者，歡喜
踊躍充遍身心，各從住處到祇洹門。爾時舍利
弗、大目揵連、富樓那彌多羅尼子、摩訶迦葉、
摩訶迦旃延、摩訶俱絺羅，皆從住處到祇洹門。
帝釋、四天王，上至阿迦尼吒天，亦覩光明，歎
未曾有，與其眷屬齎妙天花、天香、天樂、天寶
衣，一切皆悉到祇洹門。其餘比丘、比丘尼、優
婆塞、優婆夷，天龍八部，遇光歡喜，皆來到
門。

【疏】　比較三譯，僧譯似用不同梵本。佛經流通時有廣本與略本之別，僧譯所用應為廣本。

奘譯：文殊師利菩薩「明相現時出自住處」；曼譯：文殊師利「明相現時從其住處來詣佛所」，此句僧譯缺，所謂「明相現時」，是說其光明相，非用甯瑪派道名言的「明相」。若用此道名言，則一切顯現皆為明相。強調文殊的光明相，是說文殊的證悟能現光明，一如佛之證悟。若依僧譯即知，餘羅漢及菩薩眾，只能見佛的光明，遇佛的光明，唯文殊師利則能自放光明。

說文殊師利菩薩，「從其住處來詣佛所」，即說文殊為他世界菩薩，餘經言文殊由東方不動佛土來，是即謂東方不動佛剎土，以不二法門為法門。

今日無上瑜伽密亦重視東方，行者常以面對的方向為東方而修，故知所修亦為東方不動佛剎土。

至於詣會諸菩薩皆具大菩薩的功德，則可詳見於僧譯。奘譯只略說為「皆不退轉功德甲冑而自莊嚴」；曼譯只略說為「以大莊嚴而自莊嚴」，皆不及僧譯之詳。僧譯說為「於諸佛所深種善根，成就眾生，淨佛國土，得陀羅尼，獲樂說辯才，成就智慧，具足功德」，如是等等，是說菩薩之三大：願大、能斷大、能證智大。凡說「菩薩摩訶薩」，於密意，皆具此三大，故於此處以僧譯為優。

然而，僧譯謂文殊及諸菩薩先詣佛所，則未能突出文殊先詣佛所的密意。此密意見下來所說。

【奘譯】 爾時，世尊知諸大眾皆來集已，從住處出，敷如常座結跏趺坐，告舍利子：汝今何故於晨朝時在門外立？

時，舍利子白言：世尊，曼殊室利童子菩薩先來住此，我等後來。

【曼譯】 佛知眾會皆悉集已，爾時如來從住處出，敷座而坐，告舍利弗：汝今何故於晨朝時在門外立？

舍利弗白佛言：世尊，文殊師利童真菩薩，先已至此住門外立，我實於後晚來到耳。

【僧譯】 爾時世尊一切種智，知諸大眾悉已在門外，從住處起出至門外，自鋪法座結加趺坐。告舍利弗：汝今晨朝來門外乎？

舍利弗白佛言：世尊，文殊師利等菩薩摩訶薩，皆悉先至。

【疏】　文殊先到佛所，隱喻文殊先得佛說般若波羅蜜多密意。文殊於本經中所說，與釋迦所說密意相同，唯言說不同。

# 正分

【奘譯】 爾時，世尊知而故問曼殊室利言：善男子，汝實先來至此住處，為欲觀禮親近佛耶？

曼殊室利前白佛言：如是，世尊。如是，善逝。何以故？我於如來觀禮親近曾無厭足，為欲利樂諸有情故實先來此。世尊，我今來至此處親近禮敬觀如來者，專為利樂一切有情，非為證得佛菩提故，非為樂觀如來身故，非為擾動真法界故，非為分別諸法性故，亦不為餘種種事故。我觀如來即真如相，無動無作、無所分別無異分別、非即方處非離方處、非有非無、非常非斷、非即三世非離三世、無生無滅、無去無來、無染不染、無二不二，心言路絕。若以此等真如之相觀於如來，名真見佛，亦名禮敬親近如來，實於有情能為利樂。

【曼譯】 爾時世尊問文殊師利：汝實先來到此住處，欲見如來耶？

文殊師利即白佛言：如是，世尊，我實來此欲見如來。何以故？我樂正觀利益眾生。我觀如來，如如相、不異相、不動相、不作相、無生相、無滅相、不有相、不無相。不在方、不離方。非三世、非不三世。非二相、非不二相。非垢相、非淨相。以如是等正觀如來，利益眾生。

【僧譯】　爾時世尊告文殊師利：汝於晨朝先至門乎？

文殊師利白佛言：如是，世尊，我於中夜見大光明十重照耀，得未曾有，心懷歡喜踊躍無量，故來禮拜親近如來，并欲願聞甘露妙法。

爾時世尊告文殊師利：汝今真實見如來乎？

文殊師利白佛言：世尊，如來法身本不可見，我為眾生故來見佛。佛法身者不可思議，無相無形，不來不去，非有非無，非見非不見，如如實際，不去不來，非無非非無，非處非非處，非一非二，非淨非垢，不生不滅。我見如來亦復如是。

【疏】　本段三譯，以曼譯為優。文殊言，因「樂正觀利益眾生」而見如來，其密意即是：樂正觀識境而見智境，是即樂正觀智識雙運，非只正觀識境，亦非唯見如來。以此之故，以下說觀如來諸相，是皆由智識雙運而見。由其見如來相，即可知其「不二」。

餘二譯，缺「正觀」一詞，密意即晦。

下來經文即有「正觀」義。

【奘譯】 佛告曼殊室利童子：汝作是觀為何所見？

曼殊室利白言：世尊，我作是觀都無所見，於諸法相亦無所取。

佛言：善哉，善哉，童子，汝能如是觀於如來，於一切法心無所取亦無不取，非集非散。

【曼譯】 佛告文殊師利：若能如是見於如來，心無所取亦無不取，非積聚非不積聚。

【僧譯】 佛告文殊師利：汝今如是見如來乎？

文殊師利白佛言：世尊，我實無見亦無見相。

**【疏】** 奘譯中文殊師利所說（餘二譯則作為佛說），即說「正觀」義。說為「心無所取亦無不取」，如是正觀。

正觀如來須智境與識境雙運而觀，非只見法身，亦非只見色身，否則即落邊際。是故觀佛與觀眾生亦不一不二。

說為「非集非散」，佛的色身具五蘊，是即為「集」，佛的法身非五蘊身，是即為「散」。「散」是意譯，曼譯「非積聚非不積聚」，較優。

【奘譯】　　　時，舍利子謂曼殊室利言：仁能如是親近禮敬觀於如來，甚為希有。雖常慈愍一切有情，而於有情都無所得；雖能化導一切有情令趣涅槃，而無所執；雖為利樂諸有情故擐大甲冑，而於其中不起積集、散壞方便。

時，曼殊室利白舍利子言：如是，如是，如尊所說，我為利樂諸有情故，擐大甲冑令趣涅槃，實於有情及涅槃界所化、所證無得無執。又，舍利子，非我實欲利樂有情擐大甲冑。所以者何？諸有情界無增無減。假使於此一佛土中，有如殑伽沙數諸佛，一一皆住爾所大劫，晝夜常說爾所法門，一一法門各能度脫爾所佛土諸有情類，悉皆令入無餘涅槃。如此佛土有如是事，餘十方面各如殑伽沙等世界亦復如是。雖有爾所諸佛世尊，經爾所時說爾所法，度脫爾所諸有情類，皆令證入無餘涅槃，而有情界亦無增減。何以故？以諸有情自性離故、無邊際故不可增減。

【曼譯】 爾時舍利弗語文殊師利言：若能如是，如汝所說
見如來者，甚為希有。為一切眾生故見於如來，
而心不取眾生之相，化一切眾生向於涅槃，而亦
不取向於涅槃相。為一切眾生發大莊嚴，而心不
見莊嚴之相。

爾時文殊師利童真菩薩摩訶薩語舍利弗言：如是
如是，如汝所說，雖為一切眾生發大莊嚴，心恆
不見有眾生相。為一切眾生發大莊嚴，而眾生界
亦不增不減。假使一佛住世，若一劫、若過一
劫，如此一佛世界。復有無量無邊恆河沙諸佛。
如是一一佛，若一劫、若過一劫，晝夜說法心不
暫息，各各度於無量恆河沙眾生皆入涅槃，而眾
生界亦不增不減，乃至十方諸佛世界亦復如是。
一一諸佛說法教化，各度無量恆河沙眾生皆入涅
槃，於眾生界亦不增不減。何以故？眾生定相不
可得故。是故眾生界不增不減。

【僧譯】　爾時舍利弗白文殊師利：我今不解汝之所說。云
　　　　何如是見於如來？

文殊師利答舍利弗：大德舍利弗，我不如是見於
如來。

舍利弗白文殊師利：如汝所說，轉不可解。

文殊師利答舍利弗：不可解者即般若波羅蜜。般
若波羅蜜，非是可解非不可解。

舍利弗白文殊師利：汝於眾生起慈悲心不？汝為
眾生行六波羅蜜不？復為眾生入涅槃不？

文殊師利答舍利弗：如汝所說，我為眾生起慈悲
心，行六波羅蜜，入於涅槃；而眾生實不可得，
無相無形，不增不減。

舍利弗，汝常作是念：一一世界有恆河沙等諸
佛，住世恆河沙劫，說一一法，教化度脫恆河沙
眾生，一一眾生皆得滅度。汝有如是念不？

舍利弗言：文殊師利，我常作是念。

文殊師利答舍利弗：如虛空無數，眾生亦無數；
虛空不可度，眾生亦不可度。何以故？一切眾生
與虛空等。云何諸佛教化眾生？

【疏】　曼譯言「為一切眾生發大莊嚴」，即是以如來法身功德成就一切世間，由是一切世間皆成為法界莊嚴。

奘譯則為「為利樂諸有情故擐大甲冑」，實與曼譯同義，「擐大甲冑」即「發大莊嚴」。

依曼譯復可解說眾生界不增不減。由如來法身功德，令一切識境能於智境上隨緣自顯現，而眾生界不增不減，即使「無量恆河沙眾生皆入涅槃」，「於眾生界亦不增不減」，經中說言，是由於「眾生定相不可得故」，所謂「定相」，即是實相，一切識境皆無實相，是故識境情器世間皆無定相，悉緣識境有情由心取相，而成識境一切諸法之相。既非實相，如夢如幻，於法界中眾生無增無減。

奘譯「以諸有情自性離故」，即說非為「定相」。若為「實相」，即自性不離顯現，今說「自性離」，即顯現而無有自性，是即非實相，亦即非曼譯所說之「定相」。說顯現與自性相離，即說顯現為似顯現。識境中一切法皆為似顯現，以本性自性故。此如鏡影，若似顯現為火，而其自性實無非只是本性（鏡性），與所謂火性相離。如是說「自性離」，始能說為「自性空」。

這段經文相當重要，是為文殊師利說般若的意趣，於說自性空時，實說本性自性，與緣生無關。

【奘譯】　舍利子言：曼殊室利，若諸有情自性離故、無邊
際故無增減者，何緣菩薩求大菩提欲為有情常說
妙法？

曼殊室利言：舍利子，我說有情都不可得，何有
菩薩求大菩提欲為有情常說妙法？何以故？舍利
子，諸法畢竟不可得故。

佛告曼殊室利童子：若諸有情都不可得，云何施
設諸有情界？

曼殊室利白言：世尊，有情界者但假施設。

曼殊室利，設有問汝：有情界者為有幾何？汝得
彼問當云何答？

世尊，我當作如是答：如佛法數，彼界亦爾。

曼殊室利，設復問汝：有情界者其量云何？汝得
彼問復云何答？

世尊，我當作如是答：有情界量如諸佛境。

曼殊室利，設有問言：諸有情界為何所屬？汝得
彼問復云何答？

世尊，我當作如是答：彼界所屬如佛難思。

曼殊室利，設有問言：有情界者為何所住？汝得
彼問復云何答？

世尊，我當作如是答：若離染際所應住法，即有
情界所應住法。

【曼譯】 舍利弗復語文殊師利言：若眾生界不增不減，何以故菩薩為諸眾生求阿耨多羅三藐三菩提，常行說法。文殊師利白佛言：若諸眾生悉空相者，亦無菩薩求阿耨多羅三藐三菩提，亦無眾生而為說法。何以故？我說法中無有一法當可得故。

爾時佛告文殊師利：若無眾生，云何說有眾生及眾生界。文殊師利言：眾生界相如諸佛界。又問：眾生界者是有量耶。答曰：眾生界量如佛界量。又問：眾生界量有處所不。答曰：眾生界量不可思議。又問：眾生界相為有住不。答曰：眾生無住，猶如空住。

**【僧譯】**　舍利弗言：若一切眾生與虛空等，汝何故為眾生說法令得菩提？

文殊師利答舍利弗：菩提者實不可得，我當說何法使眾生得乎？何以故？舍利弗，菩提與眾生，不一不二，無異無為，無名無相，實無所有。

爾時世尊出大人相肉髻光明，殊特希有，不可稱說。入文殊師利菩薩摩訶薩法王子頂，還從頂出普照大眾。照大眾已，乃遍十方一切世界。是時大眾觸此光明，身心快樂得未曾有。皆從座起，瞻仰世尊及文殊師利，咸作是念：今日如來放此奇特微妙光明，入文殊師利法王子頂，還從頂出普照大眾，照大眾已乃遍十方。非無因緣，必說妙法。我等但當勤修精進，樂如說行。

如是念已，各白佛言：世尊，如來今日放此光明，非無因緣，必說妙法。我等渴仰，樂如說行。

如是白已，默然而住。

爾時文殊師利白佛言：世尊，如來放光加我神力，此光希有，非色非相，不去不來，不動不靜，非見非聞，非覺非知。一切眾生無所觀見，無喜無畏，無所分別。我當承佛聖旨，說此光明，令諸眾生入無想慧。

爾時佛告文殊師利：善哉，善哉。汝善快說，吾助汝喜。

文殊師利白佛言：世尊，此光明者是般若波羅蜜，般若波羅蜜者是如來，如來者是一切眾生。世尊，我如是修般若波羅蜜。

爾時佛告文殊師利言：善男子，汝今如是說深般若波羅蜜。我今問汝，若有人問汝：有幾眾生界。汝云何答？

文殊師利白佛言：世尊，若人作如是問，我當答言：眾生界數如如來界。

文殊師利，若復問汝：眾生界廣狹云何。汝云何答？

文殊師利白佛言：世尊，若人作如是問，我當答言：如佛界廣狹。

文殊師利，若復問汝：眾生界繫在何處。當云何答？

世尊，我當答言：如如來繫，眾生亦爾。

文殊師利，若復問汝：眾生界住在何處。當云何答？

世尊，我當答言：住涅槃界。

【疏】　文殊說「我說法中無一法當可得」，因此佛便問他：「若無眾生，云何說有眾生及眾生界。」那便是說，佛所說法為識境中的言說，一如眾生，為識境中的自顯現，若說無法可得，便當先理解，為甚麼說無眾生。

這一問，即是問識境的成立，云何說之為無。文殊的回答，若按玄奘異譯，則為：「世尊，有情界者但假施設。」因是假施設，故說之為無，但既成施設，是故亦可說有眾生、有眾生界。

一切識境皆以智境為基而成立，所以就說：眾生境如佛境，其量亦如諸佛境。

佛問有情何所住，依玄奘譯，文殊答言：「若離染際所應住法，即有情界所應住法。」這即是說，智境所住即識境之所住。「離染際所應住法」即是智境上隨緣自顯現的識境法。

僧譯與餘二譯不同，當依廣本。

【奘譯】 曼殊室利,汝修般若波羅蜜多為何所住?

世尊,我修甚深般若波羅蜜多都無所住。

曼殊室利,無所住者云何能修甚深般若波羅蜜多?

世尊,我由無所住故能修般若波羅蜜多。

曼殊室利,汝修般若波羅蜜多,於善於惡何增何減?

世尊,我修甚深般若波羅蜜多,於善於惡無增無減。世尊,我修甚深般若波羅蜜多,於一切法亦無增減。世尊,般若波羅蜜多出現世間,不為增減一切法故。

【曼譯】　佛告文殊師利：如是修般若波羅蜜時，當云何住般若波羅蜜？

文殊師利言：以不住法為住般若波羅蜜。

佛復問文殊師利：云何不住法名住般若波羅蜜？

文殊師利言：以無住相即住般若波羅蜜。

佛復告文殊師利：如是住般若波羅蜜時，是諸善根云何增長、云何損減？

文殊師利言：若能如是住般若波羅蜜，於諸善根無增無減、於一切法亦無增無減，是般若波羅蜜性相亦無增無減。

【僧譯】　佛告文殊師利：汝如是修般若波羅蜜，般若波羅蜜有住處不？

文殊師利白佛言：世尊，般若波羅蜜無有住處。

佛告文殊師利：若般若波羅蜜無住處者，汝云何修。云何學？

文殊師利白佛言：世尊，若般若波羅蜜有住處者，則無修學。

佛告文殊師利：汝修般若時，有善根增減不？

文殊師利白佛言：世尊，無有善根可增可減，若有增減則非修般若波羅蜜。世尊，不為法增、不為法減，是修般若波羅蜜。

【疏】 文殊如是答，亦未明說何以識境不異智境，所以釋迦追問，行者應如何住般若波羅蜜多，這亦等於追問，識境如何住於智境。

文殊答言，由無所住而住，於是釋迦便再問：若無所住而住，則善惡如何增減。這是用識境的現象來問，因為識境中一切現象都真實，是故即有善惡分別，既有分別，即成增減。文殊即以一切法無增無減作答。玄奘譯言：「般若波羅蜜多出現世間，不為增減一切法故。」較曼譯明白，即謂佛說般若波羅蜜多，不是用般若來為世間增長善法、減損惡法。

此處強調一切法不增不減，是即離識境而說，亦即奘譯之所謂「自性離」，由「自性離」而說。釋迦於三轉法輪說如來藏時，強調不增不減，故有《不增不減經》說如來藏。由是即知，此處文殊師利說般若，亦說不增不減，實即將如來藏與般若視為同義。由說如來藏而明深般若，故知深般若法門即是如來藏法門。

【奘譯】　世尊，修學甚深般若波羅蜜多，不為棄捨異生等法，不為攝受一切佛法。所以者何？甚深般若波羅蜜多不為捨法、得法故起。世尊，修學甚深般若波羅蜜多，不為厭離生死過失，不為欣樂涅槃功德。所以者何？修此法者不見生死，況有厭離。不見涅槃，況有欣樂。世尊，修學甚深般若波羅蜜多，不見諸法有劣有勝、有失有得、可捨可取。世尊，修學甚深般若波羅蜜多，不得諸法可增可減。所以者何？非真法界有增有減。世尊，若能如是修者，名真修學甚深般若波羅蜜多。

復次，世尊，若修般若波羅蜜多，於一切法不增不減，名真修學甚深般若波羅蜜多；若修般若波羅蜜多，於一切法不生不滅，名真修學甚深般若波羅蜜多；若修般若波羅蜜多，於一切法不見增減，名真修學甚深般若波羅蜜多；若修般若波羅蜜多，於一切法不見生滅，名真修學甚深般若波羅蜜多。

復次，世尊，若修般若波羅蜜多，於一切法無所思惟，若多若少俱無希願，能、所希願及希願者皆不取著，名真修學甚深般若波羅蜜多；若修般若波羅蜜多，不見諸法有好有醜、有高有下，名真修學甚深般若波羅蜜多。

復次，世尊，善男子等若修般若波羅蜜多，於諸法中不得勝劣，謂都不見此勝此劣，是真般若波羅蜜多。所以者何？真如、法界、法性、實際無勝無劣。若如是修，名真修學甚深般若波羅蜜多。

【曼譯】 世尊，如是修般若波羅蜜，則不捨凡夫法，亦不取賢聖法。何以故？般若波羅蜜不見有法可取可捨，如是修般若波羅蜜，亦不見涅槃可樂，生死可厭。何以故？不見生死況復厭離、不見涅槃何況樂著。如是修般若波羅蜜，不見垢惱可捨、亦不見功德可取，於一切法心無增減。何以故？不見法界有增減故。世尊，若能如是，是名修般若波羅蜜。世尊，不見諸法有生有滅，是修般若波羅蜜。世尊，不見諸法有增有減，是修般若波羅蜜。世尊，心無悕取。不見法相有可取者，是修般若波羅蜜。世尊，不見好醜、不生高下、不作取捨。何以故？法無好醜，離諸相故；法無高下，等法性故；法無取捨，住實際故，是修般若波羅蜜。

【僧譯】　不斷凡夫法、不取如來法，是修般若波羅蜜。何以故？世尊，般若波羅蜜，不為得法故修，不為不得法故修；不為修法故修，不為不修法故修。世尊，無得無捨，是修般若波羅蜜。何以故？不為生死過患，不為涅槃功德故。世尊，若如是修般若波羅蜜，不取不受，不捨不放，不增不減，不起不滅故。世尊，若善男子、善女人，作是思惟：此法上，此法中，此法下。非修般若波羅蜜。何以故？無上、中、下法故。世尊，我如是修般若波羅蜜。

【疏】 修般若波羅蜜多，須見法界不增不減，此即無相法門，於識境中離一切諸法相，亦即不落名言與句義來見識境中的種種現象，是即無相而見一切法相。這是觀修般若的決定見。

持此決定見觀修，即證無二，亦即現證智識雙運，依此現證，即不見輪廻涅槃，離相對法，不見勝劣、得失、無有取捨。能離相對，即是知一切諸法依於智境，如螢光屏影像依於螢光屏，一切相對只是影像的建立，對螢光屏則無可建立，由是對智識雙運界即離言思，即不可持識境的名言句義來思議。

此段經文總說無相、無願解脫門。要旨為「於一切法不增不減」、「於一切法無所思惟」。如是即入無分別，亦無所得。

空、無相、無願三解脫門，有人認為應以空為基礎來證，是即由空建立無相、由空建立無願，由本段經文即可知其不然。此三解脫門，由不捨凡夫法、不捨聖賢法而證，是則不偏於空、亦不偏於有，是故三解脫門皆由樂空雙運而證，亦即由智識雙運而證，此智識雙運境界，本質已具三解脫故。

【奘譯】　佛告曼殊室利童子：諸佛妙法豈亦不勝？

曼殊室利白言：世尊，諸佛妙法不可取故，亦不可言是勝是劣，如來豈不證諸法空？

世尊答言：如是，童子。

曼殊室利復白佛言：諸法空中何有勝劣？

世尊讚曰：善哉，善哉，如是，如是，如汝所說。曼殊室利，佛法豈不是無上耶？

如是，世尊，一切佛法雖實無上，而於其中無法可得，故不可說佛法無上。

復次，世尊，善男子等若修般若波羅蜜多，不欲住持一切佛法，不欲調伏異生法等；甚深般若波羅蜜多，於諸佛法、異生法等，不欲增長及調伏故，於一切法無分別故。若如是修，名真修學甚深般若波羅蜜多。

【曼譯】　佛告文殊師利：是諸佛法得不勝乎。文殊師利言：我不見諸法有勝如相。如來自覺一切法空是可證知。佛告文殊師利：如是如是。如來正覺自證空法。

文殊師利白佛言世尊：是空法中當有勝如而可得耶。佛言：善哉善哉。文殊師利，如汝所說是真法乎。謂文殊師利言：阿耨多羅是名佛法。文殊師利言：如佛所說，阿耨多羅是名佛法，何以故無法可得名阿耨多羅。文殊師利言：如是修般若波羅蜜不名法器，非化凡夫法，亦非佛法，非增長法，是修般若波羅蜜。復次世尊，修般若波羅蜜時，不見有法可分別思惟。

【僧譯】　佛告文殊師利：一切佛法非增上耶？

文殊師利白佛言：世尊，佛法、菩薩法、聲聞法、緣覺法，乃至凡夫法，皆不可得。何以故？畢竟空故。畢竟空中，無佛法、凡夫法。凡夫法中，無畢竟空。何以故？空不空不可得故。

佛告文殊師利：佛法無上不？

文殊師利白佛言：世尊，無有一法如微塵許，名為無上。何以故？檀波羅蜜檀波羅蜜空，乃至般若波羅蜜般若波羅蜜空，十力十力空，四無所畏、十八不共法，乃至薩婆若薩婆若空。空中無無上，無上中無空。空不空畢竟不可得故。世尊！不可思議法是般若波羅蜜。」

**【疏】** 因文殊說無勝劣，是故佛問文殊，佛法豈不勝於世間法？文殊即答言，如來自證一切法空，即自證一切法無有勝劣。此處說證一切法空，實說智識雙運境界，於此境界中，一切法自性即是本性，如螢光屏中一切影像自性，實即螢光屏本性，如是說空，始能說一切法無有勝劣。若由緣生說空，因緣已有勝劣分別，由因緣所生之法，當然亦有勝劣，如是便不能說，證一切法空即自證一切法無有勝劣。若諍言，於空性中因緣亦無勝劣，那便是否定了因緣的力用，故不應理。今說智識雙運境，由是說本性自性，對性相用三者都不否定，是故無諍。

至於，為甚麼諸法無有勝劣，這即是《入楞伽經》所說的「唯心所自見」，是即如其所見而見，是故諸法實相名之為「如」。凡夫說有勝劣，完全是因為基於名言句義而成立相對，此為大、此為小；此為勝、此為劣。若如其所見而見，離名言句義而見，即離相對，離二法，由是即無勝劣的分別。

由此廣申，一切諸法即無分別。世間一切法（奘譯「世間法」為「異生法」）皆由相依相對而成立，依相依相對即有分別，若離相依相對即離分別。如離子之名即無父之名，又如離勝之名即無劣之名，前者離相依，後者離相對。故此段經文，即由離名言句義而離分別，以名言句義不落於相依即落於相對故。

【奘譯】　復次，世尊，善男子等若修般若波羅蜜多，不見諸法有可思惟、可分別者。

曼殊室利，汝於佛法豈不思惟？

不也，世尊，我若見有真實佛法，應可思惟，然我不見。

世尊，般若波羅蜜多不為分別諸法故起，謂不分別是異生法、是聲聞法、是獨覺法、是菩薩法、是如來法。善男子等精勤修學甚深般若波羅蜜多，於諸法中都無所得亦無所說，謂不說有異生法性，亦不說有聲聞乃至如來法性。所以者何？此諸法性皆畢竟空、不可見故。若如是修，名真修學甚深般若波羅蜜多。

復次，世尊，善男子等勤修般若波羅蜜多，不作是念：此是欲界，此是色界，此無色界，此是滅界。所以者何？甚深般若波羅蜜多不見有法是可滅者。若如是修，名真修學甚深般若波羅蜜多。

**【曼譯】** 佛告文殊師利：汝於佛法不思惟耶？文殊師利言：不也，世尊，如我思惟不見佛法，亦不可分別是凡夫法、是聲聞法、是辟支佛法。如是名為無上佛法。

復次修般若波羅蜜時，不見凡夫相、不見佛法相、不見諸法有決定相，是為修般若波羅蜜。復次，修般若波羅蜜時，不見欲界、不見色界、不見無色界、不見寂滅界。何以故？不見有法是盡滅相，是修般若波羅蜜。

**【僧譯】** 佛告文殊師利：汝不思惟佛法耶？

文殊師利白佛言：世尊，我若思惟佛法，我則見佛法無上。何以故？無上無故。世尊，五陰、十二入、十八界，畢竟不可得，一切佛法亦不可得。不可得中，無可得、不可得故。世尊，般若波羅蜜中，凡夫乃至佛，無法無非法。我當思惟何法？

佛言：善男子，若無思惟，汝不應說：此凡夫法，此緣覺法。乃至不應說：此是佛法。何以故？不可得故。

世尊，我實不說凡夫法乃至佛法。何以故？不修般若波羅蜜故。

佛言：善男子，汝亦不應作如是意：此欲界，此色界，此無色界。何以故？不可得故。

世尊，欲界欲界性空，乃至無色界無色界性空。空中無說，我亦無說。

【疏】　此處三譯參差，各具不同義理，若按奘譯，則是
　　　　由無相門說深般若波羅蜜多。曼譯尚由相而說，
　　　　僧譯則支離破碎，此非所據梵本有異，實為筆受
　　　　者所誤。

　　　　佛因為文殊說「不見有法可分別思惟」，因此便
　　　　問文殊，於佛法亦不思維？文殊即由無相門而
　　　　說，於一切相無分別，即不應由相起思維。若不
　　　　由相起思維，則於相中無法可得。

　　　　依如來藏思想，相即是識境中一切名言與現象，
　　　　佛的言說亦可稱為相，佛不能離相而施設言說，
　　　　所以佛的密意雖然無上，但對其言說亦應離相而
　　　　見，然後才能見到密意。此即文殊說無相而見般
　　　　若波羅蜜多的理趣。是即不見凡夫相、佛法相，
　　　　由不見一切諸相，即見般若。由是經言：「謂不
　　　　分別是異生法、是聲聞法、是獨覺法、是菩薩
　　　　法、是如來法。」以無諸法故，是即無諸法之
　　　　性，由是經言：「謂不說有異生法性，亦不說有
　　　　聲聞乃至如來法性。」以既無諸法自性，是則於
　　　　識境及智境即不應分別，由是經言：「不作是
　　　　念：此是欲界，此是色界，此無色界，此是滅
　　　　界。」此中欲界、色界、無色界即是識境，滅界
　　　　（寂滅界）即是智境。

　　　　此中所說的層次可整理如下：

　　　　由離名言句義而成無相；由無相故，即無一切諸
　　　　法；由無一切諸法故，即無一切諸法自性；由無

一切諸法自性故，即無智境與識境的分別。

在這裡，應注意到，先成立無相，然後才成立一切諸法無自性，這恰恰跟近人的說法相反，近人每多認為，先由緣生成立無自性，然後才由無自性成立無相，這是不理解觀修，但憑推理的猜想，所以他們便落在「般若」此名言上，又由「般若」落入「空」此名言，且為此名言所困，對佛法便只能憑推理來認知。這種錯見一旦傳播，便誹謗了佛的密意。誹撥如來藏的人，實應由此深思。

上來所說，可以說是觀修的次第。由此觀修，即可由智境識境無分別而得決定，智境與識境恆時雙運，因為若非雙運，則有分別。此如一手，若非手掌與手背雙運而成一手，則手掌與手背必成分別，若雙運時，二者恆不異離而成一手，是即無可分別。不能說手掌為手，亦不能說手背為手故。於此已成如來藏義理，經中則說為深般若波羅蜜多義理。

【奘譯】　復次，世尊，若修般若波羅蜜多，於一切法不作恩怨。何以故？甚深般若波羅蜜多不為住持一切佛法，不為棄捨異生等法。

【曼譯】　復次，修般若波羅蜜時，不見作恩者、不見報恩者，思惟二相，心無分別，是修般若波羅蜜。

【僧譯】　世尊，修般若波羅蜜，不見上不見不上。何以故？

**【疏】**奘譯較晦，依曼譯以「作恩」、「報恩」為「二相」，是即說識境相皆由相依、相對而成立，是為「二相」，因此總的來說，離「二相」便「心無分別」。此總結無相門的意趣。

然而，奘譯的「於一切法不作恩怨」，亦可以這樣理解，以一切佛法為恩，以一切異生法為怨，這樣亦是相對的二相。此即謂，行者唯欲依於佛法，而以世間法為怨讐，如是即落相對，即成分別，所修即非般若；離二相，心無分別，是修般若波羅蜜多。

依甯瑪派傳授，行者須修「無念」，始能入無相，這便即是般若波羅蜜多的觀修。因為無念，便即是心相續離名言句義。能得離名言句義而見，便即「唯心所自見」，是即入無相而見。

【奘譯】　　　所以者何？善男子等勤修般若波羅蜜多，於佛法
　　　　　　　中不欲證得、不欲滅壞異生等法，達一切法性平
　　　　　　　等故。若如是修，名真修學甚深般若波羅蜜多。

【曼譯】　　　復次，修般若波羅蜜時，不見般若波羅蜜；復
　　　　　　　次，修般若波羅蜜時，不見是佛法可取，不見是
　　　　　　　凡夫法可捨，是修般若波羅蜜。

　　　　　　　復次修般若波羅蜜時，不見凡夫法可滅，亦不見
　　　　　　　佛法而心證知，是修般若波羅蜜。

【僧譯】　　　世尊，修般若波羅蜜，不取佛法，不捨凡夫法。
　　　　　　　何以故？畢竟空中無取捨故。

【疏】 奘譯「達一切法性平等」句，即言，於無相中則一切法本性自性平等，由是即離佛法、凡夫法的取捨分別，是即般若波羅蜜多。本段經文是解釋，何以離相即無分別。

在這裡，再重覆上說來作解釋。

若欲用言說為般若下一定義，因凡有言說皆不平等，皆有分別，是故凡持言說而說，即非般若波羅蜜多。現在有些學人，以為「緣生性空」即是般若，這是對「緣生性空」的誤解，以為一切諸法自性空，即由於緣生，而不知一切諸法由緣生而成有，於識境中，可分別這些緣生有的自性，當知其自性即為本性時，才可以說為性空，這才是龍樹的本意。在《大寶積經・無邊莊嚴會》中已說及此。若依瑜伽行，則可以說緣生成為有，當超越緣生時，即可說其為性空，在這裡，超越緣生，亦即是見一切法的自性為本性。所謂本性，前已言，即如鏡影以鏡性為本性，所以一切鏡影的自性，其本性即可說為鏡性。一切諸法，依如來法身而成立，若說如來法身為空性，則一切諸法為空性。如是所言，即是深般若波羅蜜多。

【奘譯】　爾時，世尊即便讚曰：曼殊室利，善哉，善哉。汝今乃能說甚深法，與諸菩薩摩訶薩眾作真法印，亦與聲聞及獨覺等增上慢者作大法印，令如實知先所通達非真究竟。

曼殊室利，若善男子、善女人等聞是深法，心不沈沒亦不驚怖，當知是人非於一佛乃至千佛種諸善根，定於無量無邊佛所種諸善根，乃能聞是甚深般若波羅蜜多，心不沈沒亦不驚怖。

【曼譯】　佛告文殊師利：善哉善哉，汝能如是善說甚深般若波羅蜜相，是諸菩薩摩訶薩所學法印，乃至聲聞緣覺學無學人，亦當不離是印而修道果。

佛告文殊師利：若人得聞是法，不驚不畏者，不從千佛所種諸善根，乃至百千萬億佛所久殖德本，乃能於是甚深般若波羅蜜，不驚不怖。

【僧譯】　佛告文殊師利：善哉，善哉，汝能如是說深般若波羅蜜，此是菩薩摩訶薩印。文殊師利，若善男子、善女人，非於千萬佛所深種善根得聞此法，乃於無量無邊佛所深種善根乃得聞此甚深般若波羅蜜，不生怖畏。

【疏】　此處以曼譯為優。曼譯言，佛讚歎文殊所說為「甚深般若波羅蜜多相」，此即謂無相解脫門即甚深般若相。由此讚歎，引發文殊說深般若。

然而，曼譯卻未譯出，深般若波羅蜜多能「與諸菩薩摩訶薩眾作真法印，亦與聲聞及獨覺等增上慢者作大法印」，此應為漏譯。說般若能作法印，其實相當重要，所謂大法印（大印、大手印），即是由清淨的證量，將心性與法性相印，由是成心性與法性雙運境，亦即智識雙運境，由是即成行人觀修的決定與現證，故此處又以奘譯為優。由法印義，亦引發文殊說深般若。

【奘譯】　爾時，曼殊室利童子合掌恭敬，復白佛言：我欲更説甚深般若波羅蜜多，唯願開許。

佛告曼殊室利童子：汝欲説者，隨汝意説。

曼殊室利便白佛言：世尊，若修甚深般若波羅蜜多，於法不得是可住者，亦復不得是不可住，當知如是甚深般若波羅蜜多不緣法住。何以故？以一切法無所緣故。世尊，若能如是修者，名真修學甚深般若波羅蜜多，於一切法不取相故。

復次，世尊。應觀如是甚深般若波羅蜜多，不現前觀諸法性相，謂於佛法尚不現觀，況菩薩法。於菩薩法尚不現觀，況獨覺法。於獨覺法尚不現觀，況聲聞法。於聲聞法尚不現觀，況異生法。何以故？以一切法性相離故。

復次，世尊，依修如是甚深般若波羅蜜多，於諸法中無所分別，謂不分別是可思議、不可思議法性差別，當知菩薩摩訶薩眾修行般若波羅蜜多，於諸法中都無分別。

復次，世尊，依修如是甚深般若波羅蜜多，一切法中都不見有此是佛法、此非佛法，此可思議、此不可思議，以一切法無差別性故。若諸有情能修如是甚深般若波羅蜜多，觀一切法皆是佛法，順菩提故；觀一切法皆不思議，畢竟空故，是諸有情已曾親近、供養恭敬多百千佛種諸善根，乃能如是修行般若波羅蜜多。

復次，世尊，若善男子、善女人等，聞説如是甚

深般若波羅蜜多，心不沈沒亦不驚怖，當知過去
已曾親近、供養恭敬多百千佛種諸善根乃能如
是。

復次，世尊，應觀如是甚深般若波羅蜜多，若能
勤修，則於諸法不見雜染不見清淨；雖無所見，
而能勤修甚深般若波羅蜜多，於一切時心無厭
倦。

復次，世尊，若修如是甚深般若波羅蜜多，於諸
異生、聲聞、獨覺、菩薩、佛法無差別想，了此
等法畢竟空故。若能如是，名真修學甚深般若波
羅蜜多。

【曼譯】　文殊師利白佛言：世尊，我今更說般若波羅蜜
義。

佛言：便說。

世尊，修般若波羅蜜時，不見法是應住是不應
住，亦不見境界可取捨相。何以故？如諸如來不
見一切法境界相故，乃至不見諸佛境界，況取聲
聞、緣覺、凡夫境界。不取思議相，亦不取不思
議相；不見諸法有若干相；自證空法不可思議。
如是菩薩摩訶薩，皆已供養無量百千萬億諸佛種
諸善根，乃能於是甚深般若波羅蜜不驚不怖。

復次，修行般若波羅蜜時，不見縛不見解，而於
凡夫乃至三乘不見差別相，是修般若波羅蜜。

**【僧譯】**　文殊師利復白佛言：世尊，我承佛威神，當更說甚深般若波羅蜜。

佛告文殊師利：善哉，善哉，恣聽汝說。

文殊師利白佛言：世尊，若不得法生，是修般若波羅蜜。何以故？諸法無有生故。若不得法住，是修般若波羅蜜。何以故？諸法如實故。若不得滅，是修般若波羅蜜。何以故？諸法寂滅故。

世尊，若不得色，是修般若波羅蜜，乃至不得識，是修般若波羅蜜。何以故？一切諸法如幻如焰故。

世尊，若不得眼，是修般若波羅蜜，乃至不得意，是修般若波羅蜜。若不得色乃至法，不得眼界、色界、眼識界，乃至不得法界、意識界，是修般若波羅蜜。若不得欲界，是修般若波羅蜜，乃至無色界亦如是。

世尊，若不得檀波羅蜜，是修般若波羅蜜，乃至不得般若波羅蜜，是修般若波羅蜜。若不得佛十力、四無所畏乃至十八不共法，是修般若波羅蜜。何以故？內空故，乃至無法、有法空故。

世尊，若得生、住、滅，非修般若波羅蜜。若得五陰、十二入、十八界，非修般若波羅蜜。若得欲界、色界、無色界，非修般若波羅蜜。若得檀乃至般若，若得佛十力乃至十八不共法，非修般若波羅蜜。何以故？以有得故。

世尊，若善男子、善女人，聞此甚深般若波羅
蜜，不驚不疑，不怖不退，當知是人久於先佛深
種善根。

文殊師利復白佛言：世尊，若不見垢法、淨法，
不見生死果，不見涅槃果，不見佛，不見菩薩，
不見緣覺，不見聲聞，不見凡夫，是修般若波羅
蜜。何以故？一切諸法無垢無淨，乃至無凡夫
故。世尊，若見垢淨乃至見凡夫，非修般若波羅
蜜。世尊，若見垢法差別，淨法差別，乃至見佛
差別，凡夫法差別，非修般若波羅蜜。何以故？
般若波羅蜜無差別故。

【疏】 曼譯簡明，僧譯則多增文，其增文當為譯師對筆
受者的解釋，細說云何不住於法。

若依奘譯，則文殊般若的觀修次第為：

無所緣故無所住；以無所住故，即不現前觀諸法
性相（曼譯作「不見一切法境界相」）；不見境
界相，即於諸法無所分別。

這觀修次第承接上來的觀修次第，上來次第是觀
修無相，此處次第是由觀修無相進而觀修諸法無
有分別。

於此可對「不現前觀諸法性相」（曼譯作「諸如
來不見一切法境界相」）略作說明。這裡說的性
相（境界相），是識境境界。凡夫對於識境境
界，都由二取而成立，當有二取時，隨之有名
言。如能見山，即以山為所取，既有所取，即將
所取成立名言為「山」。於見山之時，山成二取
顯現；當成立「山」此名言之後，即成名言顯
現，由是一切境界相，都實在是依名言而顯現。
此如當有人說「北京」，聽者很容易便起一個
「天安門相」，因為天安門是北京的地標，這即
是名言顯現。

若能盡離名言句義，即能離二取，於是由相無取
捨，而得證深般若波羅蜜多，入無分別。

其後經文說無分別。

依奘譯，所說其次第為「不現前觀諸法性相」、
「於諸法中無所分別」、「一切法中都不見有此
是佛法、此非佛法，此可思議、此不可思議」，
這是觀修般若波羅蜜多的現證次第，即由上來觀
修而成此現證。

【奘譯】　佛告曼殊室利童子：汝已親近、供養幾佛？

曼殊室利白言：世尊，我已親近、供養佛數量同幻士心、心所法，以一切法皆如幻故。

曼殊室利，汝於佛法豈不趣求？

世尊，我今不見有法非佛法者，何所趣求？

曼殊室利，汝於佛法已成就耶？

世尊，我今都不見法可名佛法，何所成就？

【曼譯】　佛告文殊師利：汝已供養幾所諸佛？文殊師利言：我及諸佛如幻化相，不見供養及與受者。

佛告文殊師利：汝今可不住佛乘耶？文殊師利言：如我思惟不見一法，云何當得住於佛乘。

佛言：文殊師利，汝不得佛乘乎？文殊師利言：如佛乘者但有名字，非可得亦不可見，我云何得？

**【僧譯】** 佛告文殊師利：善哉，善哉，是真修行般若波羅蜜。文殊師利，汝云何供養佛？

文殊師利白佛言：世尊，若幻人心數滅，我則供養佛。

佛告文殊師利：汝不住佛法耶？

文殊白佛：佛無法可住，我云何住？

佛告文殊師利：若無法可得，誰有佛法？

文殊白佛言：世尊，無有有佛法者。

【疏】　　　觀修般若波羅蜜多入無分別，然而，觀修深般若
　　　　　波羅蜜多，則更須無所得，故此處即由無分別說
　　　　　至無所得。

　　　　　深般若波羅蜜多無供養者、無受供養者，以皆為
　　　　　幻相故。但這裡並沒有否定供養的功能，是故應
　　　　　不著相而供、不著相而受，於供物亦不著相，是
　　　　　為三輪體空，如是即無所得。

　　　　　佛問文殊「汝於佛法豈不趣求？」即是問他住不
　　　　　住佛法，其實是問他對佛法有無所得；佛問文殊
　　　　　「汝於佛法已成就耶？」更是直接問他於佛法有
　　　　　無所得。

　　　　　文殊答言：「我今不見有法非佛法者，何所趣
　　　　　求？」又答：「我今都不見法可名佛法，何所成
　　　　　就？」是即由無分別而現證無所得。

　　　　　若以無相而見一法，諸法唯有名字，是則「無法
　　　　　可住、無法可得」。無法可住，是無分別；無法
　　　　　可得，是無所得。一切眾生成佛由無分別、無所
　　　　　得，證無上覺、大涅槃。故無分別與無所得即成
　　　　　佛法門，是文殊師利所說即為甚深般若波羅蜜
　　　　　多。

　　　　　由上來現觀次第，至本段經文，歸結為無分別與
　　　　　無所得。下來則更細說無分別、無所得二者。

| 【奘譯】 | 曼殊室利,汝豈不得無著性耶?

世尊,我今即無著性,豈無著性復得無著? |

| 【曼譯】 | 佛言:文殊師利,汝得無礙智乎?文殊師利言:我即無礙,云何以無礙而得無礙。 |

| 【僧譯】 | 佛告文殊師利:汝已到無所著乎?

文殊師利白佛:無著則無到。云何世尊問已到無著? |

【疏】 奘譯「無著性」，曼譯為「無礙智」。「無礙智」應為異譯，以無所著即為無礙。無著性者，即無所住而住，不著於識境。既不著於識境，即無障礙，是故亦名無礙智。

復次，若不識任運圓成而成立識境，即於緣起尚未通達，如是，唯有落於依他，亦即落於相依相對，是則必有所著而有所住，若通達相礙緣起，知一切法無所著而任運圓成（能任運即無所著），是即能由任運而知無礙，是亦即知一切諸法圓成自性。

由是可說，無著性、無礙智、圓成自性皆為法異門。

僧譯「無著則無到」，此「無到」即是無住、無所著。

【奘譯】　曼殊室利，汝不當坐菩提座耶？

　　　　世尊，諸佛於菩提座尚無坐義，況我能坐。何以故？以一切法皆用實際為定量故，於實際中坐及坐者俱不可得。

　　　　曼殊室利，言實際者，是何增語？

　　　　世尊，實際當知即是偽身增語。

　　　　曼殊室利，云何偽身可名實際？

　　　　世尊，實際無去無來、非真非偽，身非身相俱不可得，偽身亦爾，是故偽身即是實際。

【曼譯】　佛言：汝坐道場乎？文殊師利言：一切如來不坐道場，我今云何獨坐道場。何以故？現見諸法住實際故。

　　　　佛言：云何名實際。文殊師利言：身見等是實際。佛言：云何身見是實際。文殊師利言：身見如相，非實非不實，不來不去，亦身非身，是名實際。

【僧譯】 佛告文殊：汝住菩提不？

文殊白佛言：世尊，佛尚不住菩提，何況我當住菩提乎？

佛告文殊師利：汝何所依，作如是說？

文殊師利白佛：我無所依作如是說。

佛告文殊：汝若無依，為何所說？

文殊白佛：如是，世尊，我無所說。何以故？一切諸法無名字故。

【疏】　　此處玄奘譯文最為詳實。由不坐菩提座，而說及一切法皆用實際為定量。所謂以實際為定量，即以智境與識境雙運的境界為定量，亦可說為以「不二」境界為定量、以如來藏境界為定量。

由於「實際」一詞亦是名言，是故佛問文殊：「言實際者，是何增語」，此即謂「實際」亦是名言增上。然則依何而增上？文殊答言，依「偽身」而增上。所謂「偽身」，即似顯現身，是即「身見」。

何謂「身見」？是即依似顯現而見，所見即為「身相」。

身之實際離來去，是即離時間，以來去即依時間而成立故；離真偽，是即離空間，以身唯落一空間為真實，離此空間即非真實，如我等世間一切身，唯於三度空間始為真實。故若離時空，則「身」、「非身」見皆不可得，如是即名實際。身見如是，偽身見亦如是（顯現如是，似顯現亦如是）。以此之故，似顯現即與實相（實際）平等，所以可以說「是故偽身即是實際」。既然如此，則偽身不可得，實際亦不可得。不可得之偽身，是名偽身；不可得之實際，是名實際。

此段經文，即說顯現、似顯現皆不可得，是說無所得。

【奘譯】　時舍利子便白佛言：若諸菩薩聞說如是甚深般若波羅蜜多，心不沈沒亦不驚怖，是諸菩薩定趣菩提不復退轉。

慈氏菩薩復白佛言：若諸菩薩聞說如是甚深般若波羅蜜多，心不沈沒亦不驚怖，是諸菩薩已近無上正等菩提。何以故？是諸菩薩現覺法性離一切分別如大菩提故。

曼殊室利亦白佛言：若諸菩薩聞說如是甚深般若波羅蜜多，心不沈沒亦不驚怖，是諸菩薩如佛世尊堪受世間供養恭敬。何以故？於一切法覺實性故。

【曼譯】　舍利弗白佛言：世尊，若於斯義諦了決定，是名菩薩摩訶薩。何以故？能聞如是甚深般若波羅蜜相，心不驚不怖、不沒不悔。

彌勒菩薩白佛言：世尊，得聞如是般若波羅蜜，具足法相，是即近於佛坐。何以故？如來現覺此法相故。

文殊師利白佛言：世尊，得聞甚深般若波羅蜜，能不驚不怖不沒不悔，當知此人即是見佛。

【僧譯】　　爾時長老舍利弗白佛言：世尊，若菩薩摩訶薩，聞此深法，不驚疑怖畏，必定得近阿耨多羅三藐三菩提不？

爾時彌勒菩薩白佛言：世尊，若諸菩薩摩訶薩，聞此深法，不驚疑怖畏，得近阿耨多羅三藐三菩提不？

【疏】　　舍利弗、彌勒、文殊三位聖者所言,即是聲聞乘的羅漢、菩薩乘的瑜伽行師,菩薩乘的中觀師,都讚歎深般若波羅蜜多甚為殊勝,「已近無上正等菩提」,「於一切法覺實性」。由是總結上來所說的見、修。

然而三位聖者的着眼點卻有所不同,舍利弗的着眼點是,得深般若,可趣入菩提,這是由見地而說;彌勒由觀修着眼,現證深般若已近菩提,即是接近成佛;文殊師利則不說成佛,只是說堪如佛受供養,那是因為於不二法門中,佛與眾生平等,故無佛可成,是故不說菩提,若說菩提,即偏於智境。

關於彌勒所說,還可一談。彌勒言:「是諸菩薩現覺法性離一切分別如大菩提故」。這裡是說,得無分別即證大菩提。因為依瑜伽行,菩提與涅槃有區別,在這裡,是說由無分別得大菩提,由無所得得大涅槃。

在《成唯識論》中,則說轉煩惱障得大涅槃,轉所知障得無上覺(大菩提),即等於說,斷煩惱障得涅槃,斷所知障得菩提。如果理解煩惱障即是分別,所知障即是所得,那麼便是無分別得大菩提,無所得得大涅槃。這說法又與彌勒在這裡的說法不同。

【奘譯】 時有女人名無緣慮，合掌恭敬白言：世尊，若諸
有情聞說如是甚深般若波羅蜜多，心不沈沒亦不
驚怖，是諸有情於異生法、若聲聞法、若獨覺
法、若菩薩法、若如來法皆不緣慮。所以者何？
達一切法都無所有，能所、緣慮俱不可得。

爾時，佛告舍利子等：如是，如是，如汝所說。
若善男子、善女人等，聞說如是甚深般若波羅蜜
多，心不沈沒亦不驚怖，是善男子、善女人等當
知已住不退轉地，定趣菩提不復退轉。舍利子
等，若諸有情聞說如是甚深般若波羅蜜多，心不
沈沒亦不驚怖，歡喜、信樂、聽聞、受持，轉為
他說心無厭倦，是諸有情能為一切真實廣大殊勝
施主，能施一切無上財寶，具足布施波羅蜜多；
是諸有情淨戒圓滿，具真淨戒、具勝淨戒，淨戒
功德皆已圓滿，具足淨戒波羅蜜多；是諸有情安
忍圓滿，具真安忍、具勝安忍，安忍功德皆已圓
滿，具足安忍波羅蜜多；是諸有情精進圓滿，具
真精進、具勝精進，精進功德皆已圓滿，具足精
進波羅蜜多；是諸有情靜慮圓滿，具真靜慮、具
勝靜慮，靜慮功德皆已圓滿，具足靜慮波羅蜜
多；是諸有情般若圓滿，具真般若、具勝般若，
般若功德皆已圓滿，具足般若波羅蜜多；是諸有
情成就真勝慈、悲、喜、捨，亦能為他宣說、開
示甚深般若波羅蜜多。

【曼譯】 　爾時，復有無相優婆夷白佛言：世尊，凡夫法、聲聞法、辟支佛法、佛法，是諸法皆無相，是故於所從聞般若波羅蜜，皆不驚不怖不沒不悔。何以故？一切諸法本無相故。

　佛告舍利弗：善男子善女人，若聞如是甚深般若波羅蜜，心得決定，不驚不怖不沒不悔，當知是人即住不退轉地。若人聞是甚深般若波羅蜜，不驚不怖，信樂聽受，歡欣不厭，是即具足檀波羅蜜、尸波羅蜜、羼提波羅蜜、毘梨耶波羅蜜、禪波羅蜜、般若波羅蜜。亦能為他顯示分別如說修行。

【僧譯】　爾時有天女名無緣，白佛言：世尊，若善男子、善女人，聞此深法，不驚疑怖畏，當得聲聞法、緣覺法、菩薩法、佛法不？

　　　　　爾時佛告舍利弗：如是如是，舍利弗，若諸菩薩摩訶薩，聞此深法，不驚疑怖畏，必定當得阿耨多羅三藐三菩提。是善男子、善女人，當為大施主、第一施主、勝施主，當具足戒、忍辱、精進、禪定、智慧，當具諸功德成就相好，自不怖畏令人不怖畏，究竟般若波羅蜜，以不可得無相、無為，成就第一不可思議法故。

【疏】 上來已由三位聖者作證，今復由凡夫作證，且由女居士作證。於了義經，多有女居士參與，甚至由女居士說法，此中亦有密意。於了義中，既一切諸法無分別，是即無聖凡、男女之分別，故可由女居士作證或說法。

「無緣慮」即無所住、無所著，亦即已由無相悟入智識雙運境界，由是得證三解脫門，「達一切法都無所有，能所、緣慮俱不可得」，是即深般若波羅蜜多境界。

由離能所，得人我空；由離緣慮，得法我空，是即入二空真如，得不退轉，具足六波羅蜜多。如是，亦即現證如來藏的現證智境。由此亦可知，現證如來藏即入不退轉地。

【奘譯】　佛告曼殊室利童子：汝觀何義，欲證無上正等菩提？

曼殊室利白言：世尊，我於無上正等菩提尚無住心，況當欲證。我於菩提無求趣意。所以者何？菩提即我，我即菩提，如何求趣？

【曼譯】　佛告文殊師利：汝觀何義，為得阿耨多羅三藐三菩提，住阿耨多羅三藐三菩提？

文殊師利言：我無得阿耨多羅三藐三菩提，我不住佛乘，云何當得阿耨多羅三藐三菩提？如我所說即菩提相。

【僧譯】　佛告文殊師利：汝何所見，何所樂，求阿耨多羅三藐三菩提？

文殊師利白佛言：世尊，我無見無樂故求菩提。

佛告文殊師利：若無見無樂，亦應無求。

文殊白佛：如是，世尊，我實無求。何以故？若有求者是凡夫相。

佛告文殊師利：汝今真實不求菩提耶？

文殊白佛：我真實不求菩提。何以故？若求菩提，是凡夫相。

佛告文殊師利：汝為定求，為定不求？

文殊白佛：若言定求、定不求、定求不求、定非求非不求，是凡夫相。何以故，菩提無住處故。

【疏】　佛問文殊，由現觀何義，得證無上正等菩提？若文殊立一宗義即錯，因任何宗義皆成分別，皆有所得。說中觀應成派為究竟，即以其不立宗義之故，故今持宗義以說應成派見者，已落第二乘，失究竟義。

文殊所答，即無願解脫門，是故於菩提尚不欲證，無所趣求。更說「菩提即我，我即菩提」義，是即說一切眾生皆有佛性，皆具本覺。此即明說如來藏義。可見無願解脫門實由現證如來藏而證。

到這段經文，實已完全說及三解脫門，同時知道，無相、無願解脫門並非以空性為基礎而證，至於空解脫門，亦非由緣生性空而證，實由「本性自性」而證。如是勝解，便可以糾正許多學佛的錯見。

【奘譯】　佛言：善哉善哉，童子，汝能巧說甚深義處。汝於先佛多植善根，久發大願，能依無得修行種種清淨梵行。

曼殊室利便白佛言：若於諸法有所得者，可依無得修淨梵行。我都不見有法可得及無所得，如何可言能依無得修淨梵行？

佛告曼殊室利童子：汝今見我聲聞德耶？

世尊，我見。

佛言：童子，汝云何見？

世尊，今我見諸聲聞，非異生、非聖者，非有學、非無學，非可見、非不可見，非見者、非不見者，非多、非少，非小、非大，非已調伏、非未調伏，我如是見而無見想。

【曼譯】　佛讚文殊師利言：善哉善哉，汝能於是甚深法中，巧說斯義。汝於先佛久種善根，以無相法淨修梵行。

文殊師利言：若見有相則言無相，我今不見有相，亦不見無相，云何而言以無相法淨修梵行？

佛告文殊師利：汝見聲聞戒耶？答曰：見。佛言：汝云何見？文殊師利言：我不作凡夫見、不作聖人見；不作學見、不作無學見；不作大見、不作小見；不作調伏見、不作不調伏見；非見非不見。

【僧譯】 佛告文殊師利：善哉，善哉，汝能如是說般若波羅蜜，汝先已於無量佛所，深種善根久修梵行，諸菩薩摩訶薩應如汝所說行。

文殊白佛：我不種善根，不修梵行。何以故？我若種善根則一切眾生亦種善根，我若修梵行則一切眾生亦修梵行。何以故？一切眾生則梵行相。

佛告文殊師利：汝何見何證說如是語？

文殊白佛：我無見無證亦無所說。世尊，我不見凡夫，不見學，不見無學，不見非學非無學。不見故不證。

【疏】　　　強調「無所得」亦落邊際，所以這段經文，便說「我都不見有法所得及無所得」，是即連「無所得」這個句義亦不著，這才是真無所得。

其實，對於空和無相亦實如是，不能將空與無相看成是一個概念，若落於空的句義、無相的句義，不但有所得，而且有分別，所以才說「非空非非空」或者「空不空」；「非相非非相」或者「無相不能入大乘」。

所以這段經文，等於說雙運。可以理解為空有雙運、勝義與世俗雙運等，實即是智境與識境雙運。於世俗識境中有分別有所得，於佛內自證智境中則無分別無所得，如是雙運，才是文殊師利的不二法門。

接著，佛即以聲聞為問，文殊即依不二而答，亦即離相依、相對而見聲聞。依瑜伽行的說法，便是離依他上的遍計而見圓成（詳見筆者說《解深密經》的密意）。

【奘譯】　時，舍利子便問彼言：於聲聞乘既如是見，復云
何見正等覺乘？

大德，我今不見菩薩，亦復不見諸菩薩法。不見
菩提，亦復不見趣菩提法，亦不見有趣菩提行，
亦不見有證菩提法，不見有能證菩提者。我如是
見正等覺乘，謂於其中都無所見。

【曼譯】　舍利弗語文殊師利言：汝今如是觀聲聞乘，若觀
佛乘當復云何？

文殊師利言：不見菩薩法，不見修行菩提及證菩
提者。

【僧譯】　爾時舍利弗白文殊師利：汝見佛不？

文殊答舍利弗：我尚不見聲聞人，何況我當見
佛？何以故？不見諸法故，謂為菩薩。

【疏】　舍利子因文殊如是見聲聞乘，便進一步追問，對
　　　　佛乘（奘譯「正等覺乘」）又如何見。這一問，
　　　　便有分別，亦即是對聲聞乘與佛乘依概念而見有
　　　　分別，所以文殊便依然以無分別與無所得作答。

　　　　佛乘的行者都是菩薩，所以觀佛乘便即是觀菩
　　　　薩，依不二而觀，便如奘譯所云：「我今不見菩
　　　　薩，亦復不見諸菩薩法。不見菩提，亦復不見趣
　　　　菩提法，亦不見有趣菩提行，亦不見有證菩提
　　　　法，不見有能證菩提者。我如是見正等覺乘，謂
　　　　於其中都無所見。」其義理即如觀聲聞，都由離
　　　　相依相對而觀、離名言句義而觀、由無分別無所
　　　　得而觀。經言：不見菩薩、不見菩提等，即無分
　　　　別。不見有趣菩提行、不見有證菩提法等，即無
　　　　所得。

【奘譯】 時，舍利子復問彼言：汝於如來當云何見？

大德，止！止！勿於如來大龍象王而興言論。

曼殊室利，所言佛者，是何增語？

今問大德：所言我者，復何增語？

舍利子言：我者但有假立名字，是空增語。

大德當知，佛之增語即我增語，我之與佛俱畢竟空，但隨世間假立名字。菩提名字亦是假立，不可尋此求實菩提，菩提相空不可表示。何以故？名字、菩提二俱空故。名字空故言說亦空，不可以空表示空法；菩提空，故佛亦是空，故所言佛是空增語。

復次，大德，所言佛者，無來無去、無生無滅，無所證得、無所成就，無名、無相不可分別，無言、無說不可表示，唯微妙智自內證知，謂諸如來覺一切法畢竟空寂證大菩提，隨順世間假立名字，故稱為佛，非為實有，若有若無不可得故。

復次，大德，如來所證微妙智慧說名菩提，成就菩提故名為佛；菩提空，故佛亦是空，由此佛名是空增語。

**【曼譯】** 舍利弗語文殊師利言：云何名佛、云何觀佛？

文殊師利言：云何為我？

舍利弗言：我者但有名字，名字相空。

文殊師利言：如是如是，如我但有名字，佛亦但有名字，名字相空即是菩提，不以名字而求菩提，菩提之相無言無說。何以故？言說菩提二俱空故。

復次，舍利弗，汝問云何名佛，云何觀佛者，不生不滅、不來不去、非名非相，是名為佛。如自觀身實相，觀佛亦然，唯有智者，乃能知耳。是名觀佛。

**【僧譯】** 舍利弗白文殊師利：汝今決定不見諸法耶？

文殊師利答舍利弗：大德大比丘，汝止，不須復說。

舍利弗白文殊師利：謂為佛者，是誰語言？

文殊師利答舍利弗：佛、非佛不可得，無有言者，無有說者。舍利弗，菩提者不可以言說，何況有佛可言可說？復次，大德舍利弗！汝說：「佛者是誰語言？」此語言，不合不散，不生不滅，不去不來，無有一法可與相應，無字無句。大德舍利弗，欲見佛者，當如是學。

【疏】　舍利弗不通達無二，所以便更追問：「汝於如來當云何見？」意思是說如來比聲聞為上、比凡夫為上，所以對如來應有所見。文殊便用不二為答，先說不應據言說來說如來（即是應依密意來見如來）。接著，舍利弗因為文殊提到言說，便問：我們說「佛」，「佛」這名言是依甚麼來作增上。這樣問，其實依然有分別，依然認為佛與凡夫不同，所以對凡夫的增上便應該不同對佛的增上，那曉得文殊卻偏偏將凡夫等同佛，說「佛之增語即我增語」。這樣一來，便顯明了不二法門的大平等性，「凡夫」是言說，「佛」亦是言說。

因為舍利弗說「我者但有假立名字，是空增語」，文殊便因此說空。最重要的一句是「不可以空表示空法」，此即是，空這個名言，不能用空來理解。在梵文中，śūnya 的意思是零，漢譯為空，所以文殊的說法，若依梵文來理解，便等於說，不可以用無有表示零。但如果光是這樣說，其實還未究竟，所以下來的經文便相當重要。

經言：「所言佛者，無來無去、無生無滅，無所證得、無所成就，無名、無相不可分別，無言、無說不可表示，唯微妙智自內證知。」這裡說的是如來法身，如來法身便是「微妙智自內證知（智）」的境界，我們說之為「空」，只是增語，外加空這個概念來定義如來法身的自性，因此，空只是言說，如來法身實不可思議，實離言

說，實不能用空來表示，所以對於空須離言來理解。

這樣說，便消除了對二轉法輪佛言說的誤解。般若說空，依二轉法輪經典的學人，便以空為究竟，說畢竟空而落空邊。若依經言：「如來所證微妙智慧說名菩提，成就菩提故名為佛；菩提空，故佛亦是空，由此佛名是空增語。」即能對空得正見，不能依空來作分別，亦不能對空有所得，這是文殊般若法門的要義。

【奘譯】　時舍利子便白佛言：曼殊室利所説深法，非初學者所能了知。

爾時，曼殊室利童子即白具壽舍利子言：我所説者，非唯初學不能解了，所作已辦阿羅漢等亦不能知，非我所説有能知者。所以者何？菩提之相非識所識，無見無聞、無得無念、無生無滅，不可説示、不可聽受。如是菩提性相空寂，諸大菩薩尚未能知，何況二乘所知解了，菩提性相尚不可得，況當有實證菩提者。

【曼譯】　爾時，舍利弗白佛言：世尊，如文殊師利所說般若波羅蜜，非初學菩薩所能了知。

文殊師利言：非但初學菩薩所不能知，及諸二乘所作已辦者，亦未能了知。如是說法無能知者，何以故？菩提之相，實無有法而可知故，無見無聞、無得無念、無生無滅、無說無聽，如是菩提性相空寂，無證無知、無形無相，云何當有得菩提者。

【僧譯】　爾時舍利弗白佛言：世尊，此文殊師利所說，新發意菩薩所不能解。

文殊師利答舍利弗：如是，如是，大德舍利弗，菩提非可解。新發意者云何當解？

【疏】　　　菩提之相，即是覺相，非由心識的覺知而能了知，所以說為「無見無聞、無得無念、無生無滅、無說無聽」。離識境，即可以說識境性相為空寂。空寂即不可以住識境而證，由是佛說出離。然而學人對於出離亦有誤解，僅以為是出離世間。於了義經中說出離，實說出離世間的名言句義，而且是無捨離而出離，亦即無作意而出離，若有作意，則仍落識境，既落識境，當然便不能出離識境。

然則如何現證菩提？經言：「菩提之相，非識所識。」那便是離識邊而現證。質言之，是即離識境的名言與句義，由本覺顯露而覺。所謂本覺，其實即是離名言與句義的覺受，因為不可能離心識而覺，只能離心識的分別而覺。若離心識，只是枯禪，不離心識而離心識的分別，才是正定。瑜伽行之所教，即是正定之所為。

**【奘譯】** 舍利子言：曼殊室利，佛於法界豈不證耶？

不也，大德，所以者何？佛即法界，法界即佛，法界不應還證法界。

又，舍利子，一切法空說為法界，即此法界說為菩提，法界、菩提俱離性相，由斯故說一切法空。一切法空、菩提、法界，皆是佛境，無二無別，無二無別故不可了知，不可了知故則無言說，無言說故不可施設有為無為、有非有等。

又，舍利子，一切法性亦無二無別，無二無別故不可了知，不可了知故則無言說，無言說故不可施設。所以者何？諸法本性都無所有，不可施設在此在彼、此物彼物。

**【曼譯】** 舍利弗語文殊師利言：佛於法界不證阿耨多羅三藐三菩提耶？

文殊師利言：不也，舍利弗，何以故？世尊即是法界，若以法界證法界者，即是諍論。舍利弗，法界之相即是菩提，何以故？是法界中無眾生相故、一切法空故，一切法空即是菩提，無二無分別故。舍利弗，無分別中則無知者。若無知者，即無言無說。無言說相，即非有非無，非知非不知。一切諸法亦復如是，何以故？一切諸法不見處所，決定性故。

【僧譯】　舍利弗白文殊師利：諸佛如來不覺法界耶?

文殊師利答舍利弗：諸佛尚不可得，云何有佛覺法界？舍利弗，法界尚不可得，云何法界為諸佛所覺？舍利弗，法界者即是菩提，菩提者即是法界。何以故？諸法無界故。大德舍利弗，法界、佛境界無有差別，無差別者即是無作，無作者即是無為，無為者即是無說，無說者即無所有。

舍利弗白文殊師利：一切法界及佛境界，悉無所有耶?

文殊師利答舍利弗：無有，無不有。何以故？有及不有，一相無相，無一無二故。

【疏】　因文殊說無菩提可得，所以舍利弗便問文殊，佛於法界中豈不證覺（菩提）？文殊所答，即是如來藏義。他說「佛即法界，法界即佛」，又說「一切法空說為法界，即此法界說為菩提」。在這裡，共出「佛」、「法界」、「一切法空」、「菩提（覺）」四個名言，是即說佛身、智、界。說「佛」即說佛身，說「一切法空」及「菩提」即說佛智，說「法界」即說佛界。由經所言，此四者即無分別。如來法身其實非身，只是佛內自證智境界，這個境界便可以施設名言為法界。佛內自證智可以說所證為一切法空，亦可說為菩提，是故經言：「一切法空、菩提、法界，皆是佛境。」

行者須證佛身、智、界三無分別，亦可說為須證法、報、化三身三無分別，始能成佛。今由不二法門，即可決定此三無分別，由觀修如來藏，即可現證此三無分別。依此決定及現證，才可以說是現證深般若波羅蜜多的畢竟空。

復次，識境中一切法，都是如來自證智境上的隨緣自顯現，是即法性上的顯現，是故一切法性無二無別，一切法性平等。由此即可說「諸法本性都無所有」，是即一切法「本性自性」，這才是深般若的畢竟空。說「緣生性空」，實在只是權宜方便。

佛說緣生而成立識境一切法有，既然是「有」，於是便有善惡的差別，這差別在識境中十分真

實。如今說一切法本性自性，即是非善非惡，這個概念，似乎違反世間的認知，因此下來經文，即對這問題加以解說。下來經文，多就世間的認知來質疑不二法門，由是顯明不二法門為佛密意、為佛究竟義。

【奘譯】 又，舍利子，若造無間，當知即造不可思議亦造實際。何以故？舍利子，不可思議與五無間俱即實際，性無差別。既無有能造實際者，是故無間、不可思議亦不可造。由斯理趣，造無間者非墮地獄，不思議者非得生天；造無間者亦非長夜沈淪生死，不思議者亦非究竟能證涅槃。何以故？舍利子，不可思議與五無間皆住實際，性無差別，無生無滅、無去無來、非因非果、非善非惡、非招惡趣非感人天、非證涅槃非沒生死。何以故？以真法界非善非惡、非高非下，無前後故。

又，舍利子，犯重苾芻非墮地獄，淨持戒者非得生天；犯重苾芻非沈生死，淨持戒者非證涅槃；犯重苾芻非應毀訾，淨持戒者非應讚歎；犯重苾芻非應輕蔑，淨持戒者非應恭敬；犯重苾芻非應乖諍，淨持戒者非應和合；犯重苾芻非應遠離，淨持戒者非應親近；犯重苾芻非應損減，淨持戒者非應增益；犯重苾芻非不應供，淨持戒者非定應供；犯重苾芻非增長漏，淨持戒者非損減漏；犯重苾芻非不清淨，淨持戒者非定清淨；犯重苾芻非無淨信，淨持戒者非有淨信；犯重苾芻非不應受清淨信施，淨持戒者非定應受清淨信施。何以故？舍利子，真法界中若持若犯其性平等，無差別故。

【曼譯】　如逆罪相不可思議，何以故？諸法實相不可壞故。如是逆罪亦無本性，不生天上不墮地獄，亦不入涅槃。何以故？一切業緣皆住實際，不來不去，非因果非不因果。何以故？法界無邊，無前無後故。是故舍利弗，見犯重比丘不墮地獄、清淨行者不入涅槃。

如是，比丘非應供非不應供、非盡漏非不盡漏。何以故？於諸法中住平等故。

【僧譯】　舍利弗白文殊師利：如是學者，當得菩提耶？

文殊師利答舍利弗：如是學無所學，不生善道不墮惡趣，不得菩提不入涅槃。何以故？舍利弗，般若波羅蜜畢竟空故。畢竟空中無一無二無三無四，無有去來不可思議。大德舍利弗，若言我得菩提，是增上慢說。何以故？無得謂得故。如是增上慢人，不堪受人信施，有信人不應供養。

**【疏】** 文殊此處所說，並非否定因果。因果在識境中絕對真實，於如來藏，識境中一切諸法，於識境中真實，現在文殊說，無五無間罪（「逆罪相」），亦無不可思議，又說「犯重比丘不墮地獄、清淨行者不入涅槃」，這並非依識境的因果而說，而是依智識雙運而見。依智識雙運的如來藏境界，識境中的因果僅為影像，所以即非真實，由非真實，便可以說無五無間、無不可思議。若依識境來說，則須注意，影像世界的因果在影像世界中十分真實。若不如是理解，便是邊見。

在這裡，文殊是超越因果，並不是否定因果，超越識境的因果而見因果，便可以說為實際。於實際中，可說「不可思議與五無間俱即實際，性無差別。既無有能造實際者，是故無間、不可思議亦不可造。」

對文殊師利的不二法門，我們應當知道，由「不二」可以超越識境中一切法，但卻絕不否定識境中任何一法。此如如來藏的智識雙運境界，由本性自性來看一切法，即可見一切諸法如夢如幻，有如影像，但若住於識境中來看識境的法，則不能見之為如夢如幻，只能將所見的現相視為真實，那便是凡夫之所見。對凡夫之所見，只能超越，不能否定。釋迦說法，從來沒有否定凡夫之所見，他只是教學人如何超越凡夫之所見，這樣才能不壞世俗。

今人對於「緣生性空」，理解為一切諸法緣生，

所以性空，這說法便已經破壞世俗，因為由這說
法，不能成立世俗為真實。雖然補充說，由於性
空，所以才可以緣生，亦不能補救破壞世俗，因
為這說法亦未成立緣生為有。所以今人的理解實
與文殊的不二法門不合，落空性邊。若依正解，
緣生為有，超越緣起則空，這樣才能說為勝義與
世俗雙運，才能說為佛的內自證智境與後得智所
見的識境雙運。瑜伽行即依此正解來成立四種所
緣境事，詳見《解深密經》所說。

【奘譯】　又，舍利子，諸異生類名和合者，漏盡苾芻名不和合。

曼殊室利，汝依何義作如是説？

大德，異生與生因合，名和合者，諸阿羅漢無如是義，名不和合。我依此義作如是説。

又，舍利子，諸異生類名超怖者，漏盡苾芻名不超怖。

曼殊室利，汝依何義作如是説？

大德，異生於可怖法不生怖畏，名超怖者，諸阿羅漢知可怖法實無所有、無怖可超。我依此義作如是説。

又，舍利子，諸異生類得無滅忍，諸菩薩眾得無生忍。

曼殊室利，汝依何義作如是説？

大德，異生不樂寂滅，名得無滅忍，諸菩薩眾不見法生，名得無生忍。我依此義作如是説。

又，舍利子，諸異生類名調伏者，漏盡苾芻名不調伏。

曼殊室利，汝依何義作如是説？

大德，異生未調伏故應可調伏，名調伏者，諸阿羅漢漏結已盡不復須調，名不調伏。我依此義作如是説。

**【曼譯】**　舍利弗言：云何名不退法忍？

文殊師利言：不見少法有生滅相，名不退法忍。

**【僧譯】**　舍利弗白文殊師利：汝何所依，作如是說？

文殊師利答舍利弗：我無所依作如是說。何以故？般若波羅蜜與諸法等故。諸法無所依，以平等故。

**【疏】**　本段經文若由言說來看，似是驚人之語，如言：「異生類和合，漏盡比丘不和合；異生類名超怖者，漏盡比丘名不超怖；異生類得無滅忍，諸菩薩得無生忍；異生類名調伏者，漏盡比丘名不調伏。」這些言說，與常人的見識相反，但若由密意而言，如文殊師利之所說，即知其合理。此如有「生」才能與生和合，若不落於「生」這個名言，是即與生不和合。又如有「怖畏」始能超怖畏，若無怖畏，當然不超怖畏。

所以這段經文，實在是說，唯落於名言與句義者，始能超越名言與句義而無。凡夫有所超越，聖者則已超越，是故佛對凡夫所說法，實由超越而說。對凡夫的言說並非真實，若僅依言說，則須永恆住於識境來觀修，若已超越，始能依佛密意而離識境。

【奘譯】 又，舍利子，諸異生類名增上心超越行者，漏盡
苾芻名心下劣非超越行。

曼殊室利，汝依何義作如是説？

大德，異生其心高舉行違法界，名增上心超越行
者，諸阿羅漢其心謙下行順法界，名心下劣非超
越行。我依此義作如是説。

時，舍利子讚曼殊室利言：善哉，善哉，善能為
我解密語義。

曼殊室利報言：如是，如是，大德，我非但能解
密語義，我亦即是一切漏盡真阿羅漢。何以故？
我於聲聞、獨覺樂欲皆永不起故，名漏盡真阿羅
漢。

【曼譯】 舍利弗言：云何復名不調比丘？

文殊師利言：漏盡阿羅漢是名不調。何以故？諸
結已盡更無所調，故名不調。若過心行名為凡
夫。何以故？凡夫眾生不順法界，是故名過。

舍利弗言：善哉善哉。汝今為我善解漏盡阿羅漢
義。

文殊師利言：如是如是。我即漏盡真阿羅漢。何
以故？斷求聲聞欲及辟支佛欲，以是因緣故。名
漏盡得阿羅漢。

【僧譯】 舍利弗白文殊師利：汝不以智慧除斷煩惱耶？

文殊師利答舍利弗：汝是漏盡阿羅漢不？

舍利弗言：不也。

文殊師利言：我亦不以智慧除斷煩惱。

舍利弗言：汝何所依，作如是說，不怖不畏？

文殊師利言：我尚不可得，當有何我而生怖畏？

舍利弗言：善哉，文殊師利，快說如是甚深般若波羅蜜。

【疏】 說「超越行」、「非超越行」一段,為異譯所無。

經文的解釋是,凡夫心對法界作種種增上,亦即對法界外加種種名言句義,所以說他是「增上心超越行者」,這裡所說的「超越」,並不是說能超越法性,實只是說,由於增上而超離法界,是即對法界違反;至於阿羅漢,已離識境名言句義,但卻隨順法界,不敢超越,由是即不能超越法性來認識大平等性,所以說他是「心下劣非超越行」。

若用甯瑪派的道名言來說,凡夫受分別識所縛,對一切諸法依名言句義來作分別,這樣,不但未能認識心性,而且有如將心性歪曲,是即為心性所縛,由是輾轉動搖不定,依分別識而以心轉境,是故長受縛束,心性未能休息;阿羅漢則已認識心性,且已心性自解脫,得住法性,只是仍受法性所縛,未能悟入大平等性。

以上所言,即本段經文的密意,所以下來舍利弗即作讚嘆。

依玄奘譯,舍利弗言:「善哉善哉,善能為我解密語義。」文殊則答言:「如是如是,大德,我非但能解密語義,我亦即是一切漏盡真阿羅漢。」讚歎佛言說的密意,於三譯中為優。

能解佛密意,才能「斷求聲聞欲及辟支佛欲」。因為若落在言說上,聲聞所欲樂,辟支佛所欲

樂，即不應斷除。若依佛密意，唯現證法性自解脫，悟入清淨大平等性，亦即悟入智識雙運不二法門，始為「漏盡真阿羅漢」。佛經常將佛稱為「應供」（阿羅漢），亦是這個意思，說為漏盡真阿羅漢，而非小乘所證的羅漢。文殊既證入不二法門，當然可說為漏盡真阿羅漢。

【奘譯】　佛告曼殊室利童子：「頗有因緣，可說菩薩坐菩提座不證無上正等菩提？」

曼殊室利白言：「世尊！亦有因緣，可說菩薩坐菩提座不證無上正等菩提，謂菩提中無有少法可名無上正等菩提，然真菩提性無差別，非坐可得、不坐便捨。由此因緣，可說菩薩坐菩提座不證菩提，無相菩提不可證故。」

【曼譯】　佛告文殊師利：諸菩薩等坐道場時，覺悟阿耨多羅三藐三菩提不？

文殊師利言：菩薩坐於道場，無有覺悟阿耨多羅三藐三菩提。何以故？如菩提相，無有少法而可得者，名阿耨多羅三藐三菩提。無相菩提誰能坐者，亦無起者。以是因緣，不見菩薩坐於道場，亦不覺證阿耨多羅三藐三菩提。

【僧譯】　爾時佛告文殊師利言：善男子，有菩薩摩訶薩，住菩提心求無上菩提不?

文殊師利白佛言：世尊，無菩薩住菩提心求無上菩提。何以故？菩提心不可得，無上菩提亦不可得。

【疏】　　諸菩薩等坐道場，即說諸菩薩修學，由修學而成佛，證無上正等菩提（無上正等覺）。此處佛問：有甚麼理由可以說菩薩坐道場而不能成佛？文殊即依不二法門而答，亦即由無所得而答。這裡說無所得，其實已基於無分別。

文殊說，於覺相中，無有少法可得，才名為無上正等覺。這即是說，若認為有證覺相，即非不二，既非不二，則仍然落於相依相對，這就不是覺相。所以落於「菩薩相」的菩薩，他的現證便不是「真菩提性」，只是地地菩薩的現證。

文殊說的是無上菩提，亦即現證不二法門，現證如來藏智識雙運界，於中即無菩提可證，既入不二、既入智識雙運境界，即無菩提相可得。但亦可以說其為不二相、智識雙運相，當這樣說時，便可以說即是真菩提性的菩提相。

【奘譯】　曼殊室利復白佛言：無上菩提即五無間，彼五無間即此菩提。所以者何？菩提、無間俱假施設，非真實有菩提之性，非可證得，非可修習，非可現見，彼五無間亦復如是。

又一切法本性畢竟不可現見，於中無覺、無覺者，無見、無見者，無知、無知者，無分別、無分別者，離相平等名為菩提，五無間性亦復如是。由此菩提非可證得，言可證得、修習、現見大菩提者是增上慢。

【曼譯】　文殊師利（復）白佛言：世尊，菩提即五逆；五逆即菩提。何以故？菩提五逆無二相故。無覺無覺者、無見無見者、無知無知者、無分別無分別者，如是之相名為菩提。見五逆相亦復如是。若言見有菩提而取證者，當知此輩即是增上慢人。

【僧譯】　五無間罪是菩提性，無有菩薩起無間心求無間罪果，云何有菩薩住菩提心求無上菩提？菩提者，是一切諸法。何以故？色、非色不可得故，乃至識、非識亦不可得。眼不可得乃至意不可得，色不可得乃至法不可得，眼界乃至法界亦不可得，生不可得乃至老死亦不可得，檀波羅蜜不可得乃至般若波羅蜜亦不可得，佛十力不可得乃至十八不共法亦不可得。菩提心、無上菩提皆不可得，不可得中無可得、不可得。是故，世尊！無菩薩住菩提心求無上菩提者。

**【疏】** 由於不二，由於智識雙運，所以可以說菩提即五無間，五無間即菩提。於現證不二中，或現證智識雙運境界中，見菩提與五無間，都只是名言假施設。所以對於假施設，無見、無知、無分別，如是菩提無相，五無間亦無相。說有菩提可證，只是名言的增上；說有五逆可犯，亦是名言的增上。

經言：「離相平等名為菩提，五無間性亦復如是。」在這裡，即說清淨大平等性，名言句義盡便是清淨；周遍識境，於一切法無分別、無所得，便是大平等性。清淨大平等性亦不住，才是無上覺。不過這裡所說，尚落於清淨大平等性，未能超越，正因未能超越，所以才只見到菩提即五無間、五無間即菩提，若能超越，在言說上便可以說為「無二」，菩提不異五無間、五無間不異菩提。（對《心經》色空四句，亦應如是理解，說色空相即，是住平等性；說色空不異，則已超越平等性。）

對這段經文尚須注意，若依言說，便是善惡不分；若於密意，則是離名言而見真實，由是無分別、無所得。在這裡並沒有否定識境中的五無間為罪惡，只是說於不二法門中，無善惡的分別、無善惡可得。凡夫若犯五無間罪，依然得落無間地獄的果報。

**【奘譯】**　佛告曼殊室利童子：汝今謂我是如來耶？

不也，世尊，不也，善逝，我不謂佛是實如來。所以者何？夫如來者以微妙智證會真如，妙智、真如二俱離相，真如離相非謂真如，妙智亦然非謂妙智，既無妙智及無真如，是故如來亦非真實。何以故？真如、妙智但假施設，如來亦爾，非二、不二。是故妙智、真如、如來，但有假名而無一實，故不謂佛是實如來。

**【曼譯】**　爾時世尊告文殊師利：汝言我是如來、亦謂我為如來乎？

文殊師利言：不也，世尊，我不謂如來為如來耶，無有如相可名為如，亦無如來智能知於如。何以故？如來及智無二相故，空為如來，但有名字。我當云何謂是如來。

**【僧譯】**　佛告文殊師利：汝意謂如來是汝師不？

文殊師利白佛言：我無有意謂佛是我師。何以故？世尊，我尚不可得，何況當有意謂佛是我師？

**【疏】** 　如來亦是名字，所以世尊便問文殊，依他所見，是否見為如來。

　　文殊所答，其意思是：如來以如來智現證真如，其內自證境界，因如來智無相，故真如亦無相（此前已說，所謂無相，即是離識境的名言與句義而見相），既然無相，則名言上的妙智即非妙智，名言上的真如亦非真如，於無相中，妙智、真如只是假施設的名言，如來亦只是假施設的名字。故可以說，如來與智無二、如來與真如無二，由是如來、證智、真如三無分別。同為言說，故無分別；於佛內自證境界中，三者亦勝義無分別。

【奘譯】 佛告曼殊室利童子：汝非疑惑於如來耶？

不也，世尊，不也，善逝，何以故？我觀如來實不可得、無生無滅，故無所疑。

佛告曼殊室利童子：如來豈不出現世間？

不也，世尊，不也，善逝，若真法界出現世間，可言如來出現於世，非真法界出現世間，是故如來亦不出現。

【曼譯】 佛告文殊師利：汝疑如來耶？

文殊師利言：不也，世尊，我觀如來無決定性，無生無滅故無所疑。

佛告文殊師利：汝今不謂如來出現於世耶？

文殊師利言：若有如來出現世者，一切法界亦應出現。

【僧譯】 佛告文殊師利：汝於我有疑不？

文殊白佛言：世尊，我尚無決定，何況當有疑？何以故？先定後疑故。

佛告文殊：汝不定言如來生耶？

文殊白佛：如來若生，法界亦應生。何以故？法界、如來，一相無二相，二相不可得故。

【疏】　佛更問文殊，是否對如來生疑？此一問，目的是
作下一問，即問「汝今不謂如來出現於世耶？」
文殊答「若有如來出現世者，一切法界亦應出
現」。此答密意甚深。

法界，是佛內自證智境界，離一切世間的名言句
義，是故法界便不可能在世間顯現；一如如來，
如來法身並非個體，亦是佛內自證智境界，亦不
可能於世間顯現。因此法界只能藉識境、如來只
能藉言說，由是而成顯現。觀修的行人於識境中
觀修，依佛所說的言說觀修，當能離識境的名言
句義時，才能得佛的密意，於觀修中證入法界、
證入一個智境。由是便可以說，如來實不出現於
世間，法界亦不出現於世間，這便是不二法門、
如來藏的密意。

【奘譯】　曼殊室利，汝謂殑伽沙數諸佛入涅槃不？

世尊，豈不諸佛如來同不思議一境界相？

曼殊室利，如是，如是，如汝所説。諸佛如來同不思議一境界相。

曼殊室利復白佛言：今佛世尊現住世不？

佛言：如是。

曼殊室利便白佛言：若佛世尊現住世者，殑伽沙等諸佛世尊亦應住世。何以故？一切如來同不思議一境相故。不思議相無生無滅，如何諸佛有入涅槃？是故，世尊，若未來佛當有出世，一切如來皆當出世；若過去佛已入涅槃，一切如來皆已滅度；若現在佛現證菩提，一切如來皆應現證。何以故？不思議中，去、來、現在所有諸佛無差別故。然諸世間迷謬執著種種戲論，謂佛世尊有生有滅，有證菩提。

佛告曼殊室利童子：汝所説法，唯有如來、不退菩薩、大阿羅漢所能解了，餘不能知。何以故？唯如來等聞是深法，如實了達不讚不毀，知「心、非心」不可得故。所以者何？一切法性皆悉平等，心及非心俱不可得，由此於法無讚無毀。

曼殊室利即白佛言：於是深法誰當讚毀。

【曼譯】 佛告文殊師利：汝謂恆沙諸佛入涅槃耶？

文殊師利言：諸佛一相不可思議。佛語文殊師利：如是如是，佛是一相不思議相。

文殊師利白佛言：世尊，佛今住世耶？

佛語文殊師利：如是如是。

文殊師利言：若佛住世，恆沙諸佛亦應住世。何以故？一切諸佛皆同一相不思議相，不思議相者無生無滅。若未來諸佛出興於世，一切諸佛亦皆出世。何以故？不思議中，無過去未來現在相。但眾生取著謂有出世，謂佛滅度。

佛語文殊師利：此是如來、阿羅漢、阿鞞跋致菩薩所解。何以故？是三種人聞甚深法，能不誹謗亦不讚歎。

文殊師利白佛言：世尊，如是不思議，誰當誹謗，誰當讚歎。

【僧譯】　文殊師利，汝信諸佛如來入涅槃不？

文殊言：一切諸佛即涅槃相，涅槃相者無入無不入。

佛告文殊師利：汝言諸佛有流轉不？

文殊白佛言：世尊，不流轉尚不可得，何況流轉當可得？

佛告文殊師利：如來無心，唯如來前可說此言，或漏盡阿羅漢及不退菩薩前可說此言。若餘人聞此語，則不生信，當驚疑。何以故？此甚深般若波羅蜜難信難解故。

文殊白佛言：世尊，復何等人能信此甚深法？

佛告文殊師利：一切凡夫能信此法。何以故？如來無心，一切凡夫亦無心故。

文殊師利白佛言：世尊，何故作如是說法？新發意菩薩及阿羅漢咸皆有疑，願聞解說。

【疏】　承上來所說密意，所以說恆河沙數諸佛，皆以
　　　　「不思議一境界相」入涅槃，這便是說如來法身
　　　　無有個體，恆河沙數諸佛入涅槃，都同一相、同
　　　　一內自證智境界。所以，無論有多少眾生成佛，
　　　　其法身都只是唯一境界，是名法身，亦名佛智，
　　　　亦名法界。身、智、界三個名言，都無分別。

　　　　佛內自證智境界超越三時，過去、現在、未來諸
　　　　佛所證亦同一不思議境界。

　　　　文殊說此密意，所以佛讚歎，他說的深法，只有
　　　　如來、不退轉（avinivartanīya 阿鞞跋致）菩薩，及
　　　　阿羅漢所能理解。由此知此密意甚深。於此所
　　　　說，分明即是如來藏義，此義見於《入楞伽
　　　　經》。依《入楞伽經》，於說如來時，實說如來
　　　　法身，亦即說三世諸佛現證無上正等正覺的境界
　　　　（佛內自證智境界），此境界既是智境，便非識
　　　　境的名言與句義可以形容，亦離一切識境的認
　　　　知，所以對識境世間便不顯現。此如來智境，唯
　　　　藉智境上的識境隨緣自顯現而成顯現，這便稱為
　　　　如來的色身，亦即報身與化身。若說佛有生滅，
　　　　只是依色身而說（例如釋迦即示現生滅），依法
　　　　身即無生滅可言。

【奘譯】 佛言：童子，愚夫異生彼如是心非實心性，同佛心性不可思議。

曼殊室利復白佛言：愚夫異生心、非心性，同佛心性不思議耶？

佛告曼殊室利童子：如是，如是，如汝所說。何以故？佛、有情心及一切法，皆悉平等、不思議故。

曼殊室利復白佛言：佛、有情心及一切法，若皆平等、不可思議，今諸聖賢求涅槃者，勤行精進豈不唐捐？所以者何？不思議性與涅槃性既無差別，何用更求？

若有說言此異生法、此聖者法有差別相，當知彼人未曾親近真淨善友，作如是說，令諸有情執二法異，沈淪生死不得涅槃。

【曼譯】 佛告文殊師利：如來不思議、凡夫亦不思議。

文殊師利白佛言：世尊，凡夫亦不思議耶？

佛言：亦不思議。何以故？一切心相皆不思議。

文殊師利言：若如是說如來不思議，凡夫亦不思議，今無數諸佛，求於涅槃徒自疲勞。何以故？不思議法即是涅槃，等無異故。

文殊師利（復）言：如是凡夫不思議，諸佛不思議，若善男子善女人，久習善根、近善知識，乃能了知。

【僧譯】　佛告文殊：如、實相、法性、法住、法位、實際中，有佛有凡夫差別不？

文殊白佛言：不也，世尊。

佛告文殊：若無差別，何故生疑？

文殊白佛言：世尊，無差別中，有佛有凡夫不？

佛言：有，何以故？佛與凡夫，無二無差別，一相無相故。

**【疏】**　既說佛心性不可思議，則不能不說凡夫心性都不可思議，否則智境與識境即不平等。然則如何說凡夫心性不可思議呢？這裡說的是凡夫「心非心性」。

佛於《般若》說「心非心性」，其實即是說，凡夫的心亦是智識雙運，然而凡夫不知，是故偏落於識境，亦即偏落於能取所取，以及由二取而起的名言句義。若知凡夫心識本來即是「心非心性」，即知凡夫心性亦不可思議。在這樣的理念下，便可以說「佛心性」與「凡夫心性」平等。這兩個名言，同樣不可思議唯藉識境而成顯現。

說到這裡，經中便故意提出一個問題，若佛與眾生心性平等，那麼，無數諸佛求於涅槃便只是徒勞。可是，實在並非徒勞，依曼譯，文殊說「久習善根、近善知識，乃能了知」。這即是說，必須如是才能了知佛與凡夫心性都不可思議，是故即須修習，而且要依善知識（上師）而修習。善知識所教的觀修，即名瑜伽行，次第修四重止觀（詳見拙《解深密經密意》），由凡夫而至成佛。這便是無數諸佛求於涅槃並非徒勞。

對於凡夫與佛心性皆不可思議，下來世尊即次第設問，說甚深密意。

【奘譯】　佛告曼殊室利童子：汝願如來於有情類最為勝不？

世尊，若有真實有情，我願如來於彼最勝，然有情類實不可得。

【曼譯】　佛告文殊師利：汝欲使如來於諸眾生為最勝耶？

文殊師利言：我欲使如來於諸眾生為最第一，但眾生相亦不可得。

【僧譯】　佛告文殊：汝信如來於一切眾生中最勝不？

文殊白佛言：世尊，我信如來於一切眾生中最勝。世尊，若我信如來於一切眾生中最勝，則如來成不最勝。

【疏】　諸佛心性與眾生平等，然則何以尚有涅槃可證？這個問題由下來諸問即可了知，所以這些問題所顯示的都是如來的密意。

今第一問，如來於諸眾生中是否最勝？

文殊言：無真實眾生，是故不能說勝與不勝。這重密意，即是諸佛與眾生平等，諸佛不可用自性來建立，眾生亦不可用自性來建立，而且所謂自性，其實即是本性，本性唯一，所以佛與眾生平等，於平等中不能說有真實眾生，亦不能說有真實的佛。這裡所說的「真實」，是以自性即是本性，故為真實，非說無有自性。

筆者於說《無邊莊嚴會》時已說，螢光屏的影像，本性便是螢光屏性；鏡中的影像，本性便是鏡性。所以一切影像的自性，其實即是生起這些影像的基性，故可說，一切諸法的自性，其實即是本性，亦即是其生起基的性。情器世間的生起，以法性為基，所以一切諸法的自性，其實都是法性，故無真實自性，如是即說為空性。至於諸佛，則並非以法性為自性，前面已說過，諸佛的法身，只是佛內自證智的境界，此境界超越名言句義，不可用識境的概念來思議，是故亦不能依識境的名言說有自性。

此即第一重甚深密意，由是建立空解脫門。

【奘譯】　佛告曼殊室利童子：汝願佛成就不思議法耶？

世尊，若有不思議法實可成就，我願如來成就彼法，然無是事。

【曼譯】　佛言：汝欲使如來得不思議法耶？

文殊師利言：欲使如來得不思議法，而於諸法無成就者。

【僧譯】　佛告文殊：汝信如來成就一切不可思議法不？

文殊師利白佛言：世尊，我信如來成就一切不可思議法。世尊，我若信如來成就一切不可思議法，如來則成可思議。

**【疏】** 此第二問。

由第一問，說到不可思議的佛內自證智境界，因此釋迦便問佛是否得到不思議法。

文殊言：不思議法亦不可得，因為在佛內自證智境界中，一切法不能成就，亦即識境中一切法皆不真實。

這裡所說的一切法，是依識境的概念而說為「法」。在識境中，凡「法」必有受者，若無受者，則不能稱之為法。由是離識境即無受者，是即無「法」可言。

在這裡，已經遠離能所，無受者即無能取所取。若離能所，則不能說如來成就不思議法，因為如來並非受者。

在這裡，是依智識雙運境界來觀察識境中的法。也可以這樣說，落於名言與句義則法可以成立，因為落名言句義便有受者（有能所），若於智識雙運界中見真實（即如於螢光屏中觀察影像而見真實），則無法可以成立，所以連佛的不可思議法亦不能成立。

這便是第二重甚深密意，由是建立無相解脫門。

【奘譯】　佛告曼殊室利童子：汝願如來說法調伏弟子眾不？

世尊，若有說法調伏真如法界，我願如來說法調伏諸弟子眾，然佛世尊出現於世，於有情類都無恩德。所以者何？諸有情類皆住無雜真如法界，於此界中異生、聖者；能說、能受俱不可得。

【曼譯】　佛告文殊師利：欲使如來說法教化耶？

文殊師利白佛言：欲使如來說法教化，而是說及聽者皆不可得。何以故？住法界故，法界眾生無差別相。

【僧譯】　佛告文殊師利：汝信一切聲聞是如來所教化不？

世尊，我信一切聲聞是如來所教化。世尊，我若信一切聲聞是如來所教化，則法界成可教化。

【疏】 此第三問。

此處玄奘譯比餘二譯多一句：「於此界中異生、聖者；能說、能受俱不可得。」

釋迦因文殊說不思議法佛亦不可得，於是便問如來是否能說法調伏教化眾生。於法無所得，如何教化？

文殊言：於法界中既無眾生（異生）、聖者的分別，亦離能所，是故無能說、能受，所以如來雖於識境中作教化，但於智識雙運境界中，不能說有教化的恩德。

這是第三重密意。識境中一切所作，實無所作，所以落於作意即不能由觀修而成佛，由是建立無願解脫門。所謂無願，即是不作意於涅槃，於輪迴亦不作意於厭離。

【奘譯】　佛告曼殊室利童子：汝願如來是世無上真福田不？

曼殊室利白言：世尊，若諸福田是實有者，我亦願佛於彼無上，然諸福田實不可得，是故諸佛皆非福田、非非福田，以福、非福及一切法性平等故。然世間田能無盡者，世共說彼名無上田，諸佛世尊證無盡福，是故可說無上福田。又世間田無轉變者，世共說彼名無上田，諸佛世尊證無變福，是故可說無上福田。又世間田用難思者，世共說彼名無上田，諸佛世尊證難思福，是故可說無上福田。諸佛福田雖實無上，而植福者無減無增。

佛告曼殊室利童子：汝依何義作如是說？

曼殊室利白言：世尊，佛福田相不可思議，若有於中而植福者，即便能了平等法性，達一切法無減無增，故佛福田最為無上。

【曼譯】　佛告文殊師利：汝欲使如來為無上福田耶？

文殊師利言：如來是無盡福田、是無盡相。無盡相即無上福田。非福田非不福田，是名福田；無有明闇生滅等相，是名福田。若能如是解福田相，深殖善種，亦無增無減。

佛告文殊師利：云何殖種不增不減？

文殊師利言：福田之相不可思議。若人於中如法修善，亦不可思議。如是殖種名無增無減，亦是無上最勝福田。

【僧譯】　佛告文殊師利：汝信如來是無上福田不？

世尊，我信如來是無上福田。世尊，我若信如來是無上福田，如來則非福田。

佛告文殊師利：汝何所依作如是答我？

文殊白佛言：世尊，我無所依作如是答。世尊，無所依中，無勝無不勝，無可思議無不可思議，無教化無不教化，無福田無非福田。

【疏】　　　此第四問。

於空、無相、無願中，如來如何得成為世間無上福田。

此處奘譯最優，言：「世尊，若諸福田是實有者，我亦願佛於彼無上。然諸福田實不可得，是故諸佛皆非福田、非非福田。以福、非福及一切法性平等故。」餘譯簡略。

這即是說，於智識雙運中、於不二法門，不能說佛是福田，但於識境中，則福田實有。所以說，「諸佛皆非福田、非非福田」。若依識境而見，如來證無盡福、無變福，即是無上福田。

這是第四重密意，即使在智識雙運界中，佛的教化、菩薩依佛教化的觀修，依然有真實不虛的功德，所以釋迦雖然建立三解脫門，表達如來的密意，但並非否定諸佛證涅槃的功德。

依這重密意，有情可由如來無上福田而證涅槃，這即是於識境中積集二資糧。依諸佛密意而作觀修，積智慧資糧；依諸佛密意作世間功德，積福德資糧。但在智識雙運的境界中，實亦無資糧可積集，一切諸法無分別、無所得故。此於經中說為：「若有於中而植福者，即便能了平等法性，達一切法無減無增。」此即說能了平等法性亦須由積福才能得到觀修法門。

【奘譯】　爾時，大地以佛世尊神力、法力六返變動。時，眾會中有十六億大苾芻眾，諸漏永盡心得解脫；七百苾芻尼、三千鄔波索迦、四萬鄔波斯迦、六十俱胝那庾多數欲界天眾，遠塵離垢生淨法眼。

【曼譯】　爾時，大地以佛神力，六種震動現無常相；一萬六千人皆得無生法忍；七百比丘、三千優婆塞、四萬億優婆夷、六千億那由他六欲諸天，遠塵離垢，於諸法中得法眼淨。

【僧譯】　是時以佛神力，地六種震動。一萬六千比丘眾，以無可取心得解脫；七百比丘尼眾、三千優婆塞、四萬優婆夷眾，遠塵離垢得法眼淨；六萬億那由他諸天，遠塵離垢得法眼淨。

【疏】 　　上來四問所答，宣佛密意，所以大地六種震動，
　　　　聞法眾得「無生法忍」及「法眼淨」。這即是
　　　　說，須知上來密意，而成抉擇、觀修、決定，才
　　　　能現證真實得無生法忍，證諸法無生，才能遠離
　　　　識境中的名言句義來見諸法，得法眼淨。

【奘譯】　時，阿難陀即從座起頂禮佛足，偏覆左肩，右膝著地，合掌恭敬白言：世尊，何因何緣，今此大地六返變動？

爾時，佛告阿難陀言：由妙吉祥説福田相，我今印許故現斯瑞。過去諸佛亦於此處説福田相令大地動，故於今時現如是事。

【曼譯】　爾時，阿難從坐而起，偏袒右肩右膝著地白佛言：世尊，何因緣故，如是大地六種振動？

佛告阿難：我説福田無差別相，故現斯瑞。往昔諸佛，亦於此處作如是説福田之相，利益眾生，一切世界六種振動。

【僧譯】　是時長老阿難即從座起，偏袒右肩，右膝著地，合掌恭敬白佛言：世尊，何因何緣此地大動？

爾時佛告阿難：此説般若波羅蜜。往古諸佛皆於此處説此法，以是因緣故此地震動。

【疏】　　世尊答阿難，其言即表示諸佛所說密意同釋迦所說密意。這不是說言說相同，只是說言說所表的密意相同，所以三世諸佛同一所說。何以三世諸佛密意相同？因為三世諸佛的內自證智同一境界，是即三世諸佛法身無有分別。

【奘譯】　爾時，舍利子白佛言：世尊，曼殊室利不可思議。所以者何？曼殊室利所説法相不可思議。

佛告曼殊室利童子：汝之所説實難思議，誠如具壽舍利子説。

曼殊室利即白佛言：我所説法不可説可思議，亦不可説不可思議。所以者何？不可思議、可思議性俱無所有，但有音聲，一切音聲亦不可説不可思議、可思議性，以一切法自性離故。作是説者，乃名為説不可思議。

佛告曼殊室利童子：汝今現入不可思議三摩地耶？

曼殊室利白言：世尊，我不現入此三摩地。所以者何？我都不見此三摩地性異於我，不見有心能思惟我及此定故。不可思議三摩地者，心非心性俱不能入，云何可言我入此定。

復次，世尊，我昔初學作意現入此三摩地，非於今時復更作意現入此定。如善射夫初學射業，注心麁的方乃發箭，久習成就能射毛端，不復注心在彼麁的，隨所欲射發箭便中；如是我先初學定位，要先繫念在不思議，然後乃能現入此定，久習成就，於此定中不復繫心任運能住。所以者何？我於諸定已得善巧，任運入出不復作意。

【曼譯】　舍利弗白佛言：世尊，文殊師利是不可思議。何以故？所說法相不可思議。

佛告文殊師利：如是如是，如舍利弗言，汝之所說實不思議。

文殊師利白佛言：世尊，不思議不可說，思議亦不可說，如是思議不思議性，俱不可說。一切聲相非思議，亦非不可思議。

佛言：汝入不思議三昧耶？文殊師利言：不也，世尊，我即不思議，不見有心能思議者。云何而言入不思議三昧。我初發心欲入是定，而今思惟，實無心相而入三昧。如人學射，久習則巧，後雖無心，以久習故箭發皆中。我亦如是，初學不思議三昧，繫心一緣。若久習成就，更無心想，恆與定俱。

【僧譯】　　　爾時長老舍利弗白佛言：世尊，此文殊師利所說不可思議。

爾時世尊告文殊師利：如舍利弗所說，此文殊師利所說不可思議。

爾時文殊師利白佛言：世尊，若不可思議則不可說，若可說則可思議。不可思議者無所有。彼一切聲亦不可思議，不可思議者無聲。

佛言：汝入不思議三昧耶？

文殊師利言：不也，世尊，我即不思議，不見有心能思議者，云何而言入不思議三昧？我初發心欲入是定，而今思惟，實無心相而入三昧。如人學射，久習則巧。後雖無心，以久習故，箭發皆中。我亦如是。初學不思議三昧，繫心一緣。若久習成就，更無心想，恆與定合。

【疏】　答舍利弗言，表示可思議、不可思議都只是言說，言說者，只是識境所顯現的「音聲」，此音聲不可說為可思議、不可思議。這即是說，依名言而言說，此言說不能說為可思議、不可思議。因為只有佛的密意可說為不可思議，但這樣說時，其實亦已落於言說，於佛密意非言說所能顯示。如是而說不可思議，始名為說不可思議。

佛由是問文殊，是否現入不可思議三摩地。文殊答言「我都不見此三摩地性異於我」。這即是說，不能由識境的心見我，亦不能由識境的心見不可思議，然而，若離識境的心亦不見我與三摩地，所以說「不可思議三摩地者，心非心性俱不能入，云何可言我入此定。」

於不可思議三摩地，實由無所見而見，所以觀修三摩地時，即應無作意、無所緣而觀。此非初學者所能，是故文殊又說，有如初學者學射，起初須有作意，其後無心亦能箭發而中毫端。此即菩薩之觀修，其初雖有作意，有所緣境，其後即離作意，離所緣境。

觀修如來藏、觀修不二法門，都強調離作意，得離作意，即名言句義盡，這段經文實說須由無作意而入不可思議三摩地，一有作意，便只是識境中的不可思議，一如凡夫心性的不可思議，是即不成為三摩地。

【奘譯】　時，舍利子便白佛言：觀此曼殊室利童子未可保
信。所以者何？於此定中似不恆住，然無餘定微
妙寂靜同此定者。

曼殊室利便白具壽舍利子言：大德，寧知更無餘
定寂靜同此？

舍利子言：豈更有定寂靜同此？

曼殊室利報言：大德，若此可得，可言餘定寂靜
同此，然不可得。

舍利子言：曼殊室利，豈今此定亦不可得？

大德，此定實不可得。所以者何？謂一切定，可
思議者有相可得，不思議者無相可得，此定既曰
不可思議，是故定應實不可得。

又，舍利子，不思議定，一切有情無不得者。所
以者何？一切心性皆離心性，離心性者皆即名為
不思議定，故有情類無不得者。

【曼譯】　舍利弗語文殊師利言：更有勝妙寂滅定不？

文殊師利言：若有不思議定者，汝可問言。更有寂滅定不。如我意解，不可思議定尚不可得，云何問有寂滅定乎。

舍利弗言：不思議定不可得耶？

文殊師利言：思議定者是可得相，不思議定者不可得相。一切眾生實成就不思議定，何以故？一切心相即非心故，是名不思議定。是故一切眾生相及不思議三昧相，等無分別。

【僧譯】　舍利弗語文殊師利言：更有勝妙寂滅定不？

文殊師利言：若有不思議定者，汝可問言：「更有寂滅定不？」如我意解，不可思議定尚不可得，云何問我寂滅定乎？

舍利弗言：不思議定不可得耶？

文殊師利言：思議定者是可得相，不可思議定者不可得相。一切眾生實成就不可思議定。何以故？一切心相即非心故，是名不思議定。是故一切眾生相及不思議三昧相，等無分別。

【疏】　此段奘譯較詳。先由舍利子懷疑文殊師利的定，說他不能恆住於定中，不可思議三摩地則實應恆住，因為更無有別的定，微妙寂靜同於此定，既然此定最為殊勝，是則行者必須恆住於此定中。由是引起討論。

這討論即說不思議定的觀修。

小乘所修為寂滅定，即令心識不起的定，所以舍利弗於問不可思議三摩地時，便問是否有比寂滅定更勝的定。這即是著意於寂靜，文殊反問，你怎知道沒有其餘的定，與寂滅定同樣寂靜。這即是說，寂靜非唯依寂滅定而成。

由此反問，於是舍利弗便問還有甚麼定同寂滅定能得寂靜。文殊師利這時才作正答。若有寂滅定可得，則其餘的定亦必能成寂靜，然而寂靜定與其餘的定皆實不可得。這回答其實亦有密意，意思是不能由作意而求寂靜，若依作意，則寂滅定亦非寂靜。在言說上，則說為不思議定以無相故不可得。

為甚麼呢？以無相故不可思議，若有相即可思議。這裡說的無相，即是斷離識境的名言句義，行者於定中生一覺受，倘若這覺受仍然落於名言句義而覺，則是有相，是即可以思議；若於定中的覺受如是而覺，更不落名言句義來作認知，譬如說，不落於「輕安」的概念來覺受定中的境界，是即無相，無相則不可思議，因為凡可思

議，必由名言句義而作思議。

在這裡，其實已經說出觀修不二法門、觀修如來藏、觀修甯瑪派大圓滿的甚深口訣。由無作意而成名言句義盡，《甯瑪十萬續》中，於說觀修時，即有此重密意。這亦即是深般若波羅蜜多的觀修。

接下來，文殊師利更說「一切眾生實成就不思議定」，即是說，非唯聲聞修寂滅定成不可思議定，其實一切眾生都能成就不思議定。因為離名言句義即離心性，而眾生亦離心性，所離為心的本性，所以世俗的心性落於名言句義，以離心的本性故，亦可名為不可思議。在這裡有一密意，不能由心非心性來成就不思議定。行者須離心性，亦離非心性，不落二邊，才能住入法性。若有一念頭於心性、非心性，便立即落於識境的相對，這便連凡夫的不可思議定亦不可得。這一點亦與作意有關。

【奘譯】　　佛讚曼殊室利童子：善哉，善哉，曼殊室利，汝
　　　　　於過去無量佛所多植善根、久發大願，所修梵行
　　　　　皆依無得，發言皆說甚深義處。曼殊室利，汝豈
　　　　　不以住深般若波羅蜜多能一切時說甚深義？

　　　　　曼殊室利即白佛言：若我由住甚深般若波羅蜜多
　　　　　能如是說，便住我想，及住有想能如是說，若住
　　　　　我想及住有想能如是說，則深般若波羅蜜多亦有
　　　　　所住，若深般若波羅蜜多有所住者，則深般若波
　　　　　羅蜜多亦以我想及以有想為所住處，然深般若波
　　　　　羅蜜多遠離二想、住無所住。如諸佛住微妙寂
　　　　　靜，無起、無作、無動、無轉以為所住；甚深般
　　　　　若波羅蜜多不住有法、不住無法，故此所住不可
　　　　　思議。甚深般若波羅蜜多於一切法皆不現行。

　　　　　甚深般若波羅蜜多當知即是不思議界，不思議界
　　　　　即是法界，法界即是不現行界，不現行界當知即
　　　　　是不思議界，不思議界當知即是甚深般若波羅蜜
　　　　　多。甚深般若波羅蜜多、我界、法界無二無別，
　　　　　無二無別即是法界，法界即是不現行界，不現行
　　　　　界當知即是甚深般若波羅蜜多，甚深般若波羅蜜
　　　　　多當知即是不思議界，不思議界當知即是不現行
　　　　　界，不現行界當知即是無所有界，無所有界當知
　　　　　即是無生滅界，無生滅界當知即是不思議界，不
　　　　　思議界與如來界、我界、法界無二無別。

【曼譯】　佛讚文殊師利言：善哉善哉。汝於諸佛久殖善根、淨修梵行，乃能演說甚深三昧，汝今安住如是般若波羅蜜中。

文殊師利言：若我住般若波羅蜜中，能作是說，即是有想，便住我想。若住有想我想中者，般若波羅蜜便有處所。般若波羅蜜若住於無，亦是我想、亦名處所，離此二處，住無所住，如諸佛住，安處寂滅非思議境界，如是不思議，名般若波羅蜜住處。

般若波羅蜜處一切法無相、一切法無作。般若波羅蜜即不思議、不思議即法界、法界即無相、無相即不思議、不思議即般若波羅蜜、般若波羅蜜即法界，無二無別。

無二無別即法界，法界即無相；無相即般若波羅蜜界；般若波羅蜜界即不思議界；不思議界即無生無滅界；無生無滅界即不思議界。

【僧譯】　佛讚文殊師利言：善哉，善哉，汝於諸佛，久殖善根淨修梵行，乃能演說甚深三昧。汝今安住如是般若波羅蜜中。

文殊師利言：若我住般若波羅蜜中能作是說，即是有想，便住我想。若住有想、我想中者，般若波羅蜜便有處所。般若波羅蜜若住於無，亦是我想亦名處所。離此二處，住無所住，如諸佛住，安處寂滅非思議境界。如是不思議，名般若波羅蜜住處。般若波羅蜜處，一切法無相，一切法無作。般若波羅蜜即不思議，不思議即法界，法界即無相，無相即不思議，不思議即般若波羅蜜。般若波羅蜜、法界，無二無別。無二無別即法界，法界即無相，無相即般若波羅蜜界。般若波羅蜜界即不思議界，不思議界即無生無滅界，無生無滅界即不思議界。

【疏】　由於釋迦於二轉法輪說般若、深般若，所以本經亦依深般若而演繹不二法門。此處即說深般若波羅蜜多。

世尊說文殊住深般若，而能於一切時說甚深義，即是說文殊無論在甚麼話題中，都可以說出佛的密意。這時，文殊便以無所住來作答。

若言住深般若境界，便即是住於我想及能說的有想，如是即落於識境，落於識境便非深般若境界。這是由抉擇而知應無所住，亦即《金剛經》所說的「應無所住而生其心」。由是文殊便依順逆而說。

由深般若境界說，一切法無相、無作，由是不可思議；此無相、無作，亦即法界的境界，所以深般若境界、不可思議境界、法界，無二無別。這是說，由深般若波羅蜜多可現證法界。

倒過來，由法界而說，法界離一切識境相而平等，是故無相；無相即深般若境界，由無相故，是即不可思議界，所以法界、深般若，如來藏三者亦無二無別。這是說，由現證法界，即可同時現證智識雙運的深般若波羅蜜多，亦即現證如來藏。

上來二者，前者順觀，為修行人的次第決定；後者逆觀，為修行人的次第現證。決定同於現證，故可說現證為「不思議界與如來界、我界、法界無二無別。」這現證已入清淨大平等性。由此即

知，清淨大平等性實由無所住而成就，比較起來，現證法性則由名言句義盡而成就，二者層次不同，即成觀修的次第：心性自解脫住入法性；法性自解脫住入平等性；平等性自解脫即證無上正等正覺。

下來更說平等性自解脫。

【奘譯】　　是故，世尊，若能如是修行般若波羅蜜多，於大
　　　　　菩提更不求證。何以故？甚深般若波羅蜜多即菩
　　　　　提故。

　　　　　世尊，若有實知我界即知無著，若知無著即知無
　　　　　法，若知無法即是佛智，佛智即是不思議智，當
　　　　　知佛智無法可知，名不知法。

　　　　　所以者何？此智自性都無所有，無所有法云何能
　　　　　於真法界轉？此智自性既無所有即無所著，若無
　　　　　所著即體非智，若體非智即無境界，若無境界即
　　　　　無所依，若無所依即無所住，若無所住即無生
　　　　　滅，若無生滅即不可得，若不可得即無所趣，既
　　　　　無所趣，此智不能作諸功德，亦復不能作非功
　　　　　德。

　　　　　所以者何？此無思慮我作功德、作非功德。無思
　　　　　慮智不可思議，不可思議即是佛智，是故此智於
　　　　　一切法無取不取，亦非前際中際後際、非先已生
　　　　　非先未生，無出無沒、非常非斷，更無餘智類此
　　　　　智者。由是此智不可思議，同於虛空不可比類，
　　　　　無此無彼、非好非醜；既無餘智類此可得，是故
　　　　　此智無等、不等，由此故名無等等智；又無餘智
　　　　　對此可得，是故此智無對、不對，由此故名無對
　　　　　對智。

【曼譯】　文殊師利言：如來界及我界即不二相，如是修般
若波羅蜜者，則不求菩提。何以故？菩提相離，
即是般若波羅蜜故。世尊，若知我相而不可著，
無知無著，是佛所知不可思議。無知無著即佛所
知。何以故？知體本性無所有相，云何能轉法
界？若知本性無體無著者，即名無物，若無有
物，是無處所無依無住；無依無住即無生無滅；
無生無滅即是有為無為功德。

若如是知則無心想，無心想者，云何當知有為無
為功德？無知即不思議，不思議者是佛所知，亦
無取無不取。

不見三世去來等相、不取生滅及諸起作、亦不斷
不常，如是知者，是名正智不思議智。如虛空無
此無彼不可比類，無好惡無等等，無相無貌。

**【僧譯】** 文殊師利言：如來界及我界即不二相。如是修般
若波羅蜜者，即不求菩提。何以故？菩提相離即
般若波羅蜜故。世尊，若知我相而不可著，無知
無著是佛所知。不可思議無知無著，即佛所知。
何以故？知體本性無所有相，云何能轉法界？若
知本性無體無著者，即名無物。若無有物，是無
處所、無依無住，無依無住即無生無滅，無生無
滅即是有為功德。若如是知則無心想，無心想
者，云何當知有為、無為功德？無知即不思議，
不思議者是佛所知，亦無取無不取，不見三世去
來等相，不取生滅及諸起作，亦不斷不常，如是
知者，是名正智不思議智。如虛空無此無彼，不
可比類。無好惡，無等等，無相無貌。

【疏】 如來相與我相不二，是即佛內自證智境與識境不一不異。今說觀修，所以不能由如來相來觀察佛智，因為觀修的行人，只能依識境來觀修，識境中無如來相可得，因此便只能由我相來觀修如來智，亦即只能由識境來觀修。在這裡，決定如來相與我相不二，便是觀修上的重要決定，二者相異，那便不能由識境來觀如來智，密乘修「自成本尊」且將世間視為壇城，即由此決定見而來。

此段經文，即由我相來作抉擇。由抉擇而得成「無思慮智」（曼譯為「無心想」）。所謂「無思慮智」，說為「都無所有」（玄奘譯為「無物」）、無處所、無依、無住。依次第，先名言句義盡，由是無名言顯現，是即都無所有。復無二取顯現，是即無依無住。

於識境中成立一切諸法有，實先成立二取顯現，由能取所取而成法有，於成立此法有的同時，成立名言顯現。也即是這樣：人於見山時，以心識為能取，山的形相為所取，於是成立此山的形相為有（二取顯現）；當成立山的形相為有時的同時，便成立「山」的名言，因此當說「山」時，即使山不現前，在心行相中，依然有山的形相，由是成立此山為有，這便是名言顯現。在觀修時，不能依此次第而成出離，必須先離名言句義（離名言顯現有），然後才能離能所（離二取顯現有）。這便即是先入無思慮智，然後於一切法無取無不取。本段經文說此觀修次第，可以視為

指導行者觀修的重要口訣，今人不知此次第，便高唱離能所，實與密意相違。

以此之故，無思慮智便亦離三時，以三時亦是名言句義故。以「同於虛空不可比類，無此無彼、非好非醜」，由是即無能所，以能所即是此與彼故，是即名無等等智。

【奘譯】　佛告曼殊室利童子：如是妙智不可動耶？

曼殊室利白言：世尊，如是妙智性不可動。如鍛金師燒鍊金璞，既得精熟，秤量無動，此智亦爾，久修成熟，無作無證、無生無盡、無起無沒，安固不動。

佛告曼殊室利童子：誰能信解如是妙智？

曼殊室利白言：世尊，若能不行般涅槃法，於生死法亦能不行，於薩迦耶行寂滅行，於般涅槃行無動行。不斷貪欲、瞋恚、愚癡，亦非不斷。所以者何？如是三毒自性遠離，非盡不盡；於生死法不起不墮，於諸聖道不離不修。彼於此智能深信解。

佛讚曼殊室利童子：善哉，善哉，善說此事。

【曼譯】　佛告文殊師利：若如是知，名不退智。

文殊師利言：無作智名不退智，猶如金鑛先加鎚打，方知好惡，若不治打無能知者。不退智相亦復如是，要行境界，不念不著，無起無作，具足不動不生不滅，爾乃顯現。

爾時佛告文殊師利言：如諸如來自說已智，誰當能信？

文殊師利言：如是智者，非涅槃法非生死法，是寂滅行、是無動行。不斷貪欲瞋恚愚癡，亦非不斷。何以故？無盡無滅，不離生死，亦非不離，不修道非不修道，作是解者名為正信。

佛告文殊師利言：善哉善哉，如汝所說，深解斯義。

【僧譯】　　佛告文殊師利：若如是知，名不退智。

文殊師利言：無作智名不退智。猶如金鋌，先加搥打方知好惡，若不治打無能知者。不退智相亦復如是，要行境界，不念不著，無起無作，具足不動，不生不滅，爾乃顯現。

爾時佛告文殊師利言：諸如來自說己智，誰當能信？

文殊言：如是智者，非涅槃法，非生死法，是寂滅行。不斷貪欲、瞋恚、愚癡，亦非不斷。何以故？無盡無滅，不離生死亦非不離，不離修道非不修道。作是解者名為正信。

佛告文殊師利言：善哉，善哉，如汝所說，深解斯義。

**【疏】** 佛許可「無思慮智」不可思議，為不動智。文殊即言，此智須由久修成熟，「如鍛金師燒煉金璞」而成現證。所以，離名言句義便不是口頭禪，須由久久觀修至能證入清淨、平等而成熟。由是「無作無證、無生無盡、無起無沒，安固不動」。如是始為不動智，亦即八地以上菩薩所證的不退轉智。

如來藏說眾生皆有佛性，有人質疑，然則眾生何以不成佛？這是不理解如來藏亦須由觀修而成現證。於不二法門亦如是，亦可質疑，既然佛與眾生不二，何以眾生不能稱為佛，這便是忽略了觀修而問。從來沒有人說不須觀修即可成佛，在見地上可以說是佛即眾生，眾生即佛，但這說法還須現證，須證入清淨大平等性，然後才能成此決定，這樣行者便必須觀修，所以這段經文，即強調須由「久修成熟」，經文於說無等等智為不動智後強調這點，便已遮撥了上來的疑問。

釋迦復問：此智誰當能信？

文殊答言：此智非涅槃法非生死法。這便是明說此智為智識雙運境界。

筆者說，深般若波羅蜜多是智識雙運界，即是不二法門，即是如來藏。這說法並非沒有經論根據，此處即可見其根據。

文殊所答，是說通達智識雙運，才能信解這不可思議的不動智。

【奘譯】　　　爾時，具壽大迦葉波前白佛言：當來之世，誰能
　　　　　　　於此法毘奈耶甚深義趣信解修學？

　　　　　　　佛告具壽大迦葉波：今此會中苾芻等眾，當來之
　　　　　　　世，於此所說法毘奈耶甚深義趣，能生信解聽受
　　　　　　　修學，亦能為他演說流布。如大長者失無價珠，
　　　　　　　苦惱纏心愁憂不樂，後時還得踴躍歡喜。今此會
　　　　　　　中苾芻等眾亦復如是，聞深般若波羅蜜多，信解
　　　　　　　修學；後不聞說如是法門，苦惱纏心愁憂不樂，
　　　　　　　咸作是念：「我等何時當更得聞如是深法？」後
　　　　　　　時若得聞此法門，踴躍歡喜復作是念：「我今得
　　　　　　　聞如是經典，即為見佛親近供養。」如圓綵樹胞
　　　　　　　初出時，三十三天踴躍歡喜：「此樹不久花必開
　　　　　　　敷、香氣氛氳，我等遊集。」苾芻等眾亦復如
　　　　　　　是，聞深般若波羅蜜多，信受修行應生歡喜，一
　　　　　　　切佛法不久開敷。

　　　　　　　飲光當知，未來之世苾芻等眾若聞如是甚深般若
　　　　　　　波羅蜜多，信解修行心不沈沒，必於此會已得聽
　　　　　　　聞，歡喜受持、演說流布，當知彼類由聞是法，
　　　　　　　歡喜踴躍信受修行，不久開敷一切佛法。如來滅
　　　　　　　後，若有受持、演說、流布此經典者，當知皆是
　　　　　　　佛威神力之所加護令彼事成。

　　　　　　　飲光當知，若有聞是甚深般若波羅蜜多歡喜受
　　　　　　　持，彼於過去無量佛所，多植善根，已得聽聞，
　　　　　　　非適今也！如穿珠者，忽然遇得無價末尼，生大
　　　　　　　歡喜，當知彼類曾見此珠，故生歡喜，非今創
　　　　　　　見。如是當來諸苾芻等，深心愛樂聽聞正法，忽

遇般若波羅蜜多，歡喜聽聞、信受、修學，當知彼類已於往昔無量佛所曾聞是經，非於今時創聞能爾。

飲光當知，若善男子、善女人等，聞妙吉祥所說般若波羅蜜多，歡喜踊躍、樂聞無厭，數復慇懃重請演說，是善男子、善女人等，過去已從曼殊室利聞說般若波羅蜜多歡喜受持、信解、修學，亦曾親近曼殊室利供養恭敬，故能如是。譬如有人遇入城邑，其中一切園林、池沼、舍宅、人物無不悉見；後至餘處，聞人讚說此城邑中所有勝事，深生歡喜請其重說，若更得聞倍復歡喜，彼由往昔皆曾見故。如是當來諸善男子、善女人等，聞妙吉祥所說般若波羅蜜多，歡喜樂聞曾無厭足，慇懃固請重說深義，聞已讚歎倍生歡喜，當知此等皆由往昔已曾親近曼殊室利，供養恭敬聽受斯法，故於今時能成是事。

爾時，具壽大迦葉波便白佛言：如來善說現在、當來善男子等聞深般若波羅蜜多，信解修行諸行、狀、相。

佛言：如是，如汝所說。我已善說彼行、狀、相。

【曼譯】　爾時摩訶迦葉白佛言：世尊，於當來世，若說如是甚深正法，誰能信解，如聞受行。

佛告迦葉：今此會中比丘、比丘尼、優婆塞、優婆夷，得聞此經者，如是人等於未來世，若聞是法必能信解。於甚深般若波羅蜜，乃能讀誦、信解、受持，亦能為他人分別演說。

譬如長者失摩尼寶，憂愁苦惱，後若還得，心甚歡喜，如是迦葉，比丘、比丘尼、優婆塞、優婆夷等，亦復如是，有信樂心。若不聞法則生苦惱，若得聞時信解受持，常樂讀誦，甚大歡喜。當知此人即是見佛，亦即親近供養諸佛。

佛告迦葉：譬如切利天上，波利質多羅樹皰初出時，是中諸天，見是樹已，皆大歡喜，此樹不久必當開敷。若比丘、比丘尼、優婆塞、優婆夷，得聞般若波羅蜜，能生信解，亦復如是。此人不久，亦當開敷一切佛法。於當來世，有比丘、比丘尼、優婆塞、優婆夷，聞般若波羅蜜，信受、讀誦，心不悔沒，當知是人已從此會聽受是經，亦能為人聚落城邑廣說流布，當知是人佛所護念。

如是甚深般若波羅蜜中，有能信樂，心無疑惑者，是善男子善女人，於過去諸佛，久已修學殖諸善根。譬如有人以手穿珠，忽遇無上真摩尼寶，心大歡喜，當知是人必已曾見。如是迦葉，若善男子善女人修學餘法，忽然得聞甚深般若波

羅蜜，能生歡喜亦復如是，當知此人已曾聞故。若有眾生，得聞甚深般若波羅蜜，心能信受，生大歡喜，如是人等，亦曾親近無數諸佛，從聞般若波羅蜜已修學故。

譬如有人先所遙見城邑聚落，後若聞人讚歎彼城所有園苑，種種池泉，花果林樹，男女人民皆可愛樂，是人聞已，即大歡喜，更勸令說，是城園苑眾好嚴飾，雜花池泉多諸甘果，種種珍妙，一切愛樂，是人得聞，重甚歡喜，如是之人，皆曾見故。若善男子善女人，有聞般若波羅蜜，信心聽受，能生歡喜，樂聞不厭而更勸說，當知此輩，已從文殊師利曾聞如是深般若波羅蜜故。

迦葉白佛言：世尊，若將來世善男子善女人，得聞是甚深般若波羅蜜，信樂聽受以是相故，當知此人亦於過去佛所，曾聞修學。

**【僧譯】**　爾時長老摩訶迦葉白佛言：世尊，未來世誰能信此深法？誰樂聽此法？

佛告迦葉：即今日四眾，比丘、比丘尼、優婆塞、優婆夷，於未來世能信此法，聞說此深般若波羅蜜，當知此法，當求此法。迦葉，譬如長者或長者子，已失一大寶珠，價值億萬兩金，大生憂惱。今更還得，生大歡喜，憂惱悉滅。如是，迦葉，比丘、比丘尼、優婆塞、優婆夷，於未來世，聞此最深般若波羅蜜經，與般若相應，聞已生喜，心得安樂，無復憂惱，亦復如是。當作是言：「我等今日得見如來，供養如來。所以者何？以得聞此甚深微妙六波羅蜜故。」

迦葉，譬如三十三天見波利質多羅樹初生皰時，作如是念：「此皰不久必當開敷。」如是，迦葉，比丘、比丘尼、優婆塞、優婆夷，聞此般若波羅蜜經，心生歡喜，亦復如是。我於來世必得此法。迦葉！此深般若波羅蜜，如來滅後，當住不滅，處處流行。迦葉，以佛力故，未來世中，若善男子、善女人，當得此深般若波羅蜜。

迦葉，如摩尼珠師見摩尼寶心生歡喜，不假思量即知真偽。何以故？以串見故。如是，迦葉，若人聞此般若波羅蜜相應法，聞已歡喜，生信樂心，當知此人先世已聞此般若波羅蜜，從久遠劫來已曾供養諸佛。

迦葉白佛言：世尊，此善男子、善女人，今聞此

法，於未來世轉復信解。

佛告摩訶迦葉：如是，如是，如汝所說。

【疏】　此處釋迦藉答迦葉問，用譬喻來說，此深妙法本來具足，非由造作而成，能信解、修學、現證的人，有如本具寶珠，失去再得，得來的寶珠並非新得，只是發現。這即是如來藏思想、這即是佛種姓。

又說，聞文殊師利說深般若波羅蜜多，亦非初聞。有如人曾遊一城邑，再聽人說此城邑的事。這即是說，文殊所說，非由文殊所造，實為本具，文殊菩薩只是將本來具足的法門說出來，令人得證本來具足的智。

成佛並非新得，令可以成就佛位的甚深微妙法亦非新造，以至佛的密意及由密意所顯示的見地，一切皆非新成，此皆本來具足，這正是如來藏的究竟見，亦即深般若波羅蜜多見。

菩薩於觀修般若波羅蜜多時，其初尚可由超越相對緣起而住於空性，及後久久觀修，於悟入深般若波羅蜜多時，即於空性亦不住。這是因為空性還是假施設，既有施設，即有作意，觀修空性即由作意而觀，若以為於空性已有所得，這便是基於作意而得，其實並無所得，因為有所得的空性實在只是新得，依名言句義而得，依假施設而得，這些都是對悟入深般若波羅蜜多的妨礙。於深般若中，只是佛性的顯露，由此顯露便離能所，無能得所得可言，以一切本然具足故，佛性本然、本覺本然、真如本然、實相本然、本性自性本然，如是種種都非新得，所以佛經中常以身

懷摩尼寶珠而不自知作比喻。此處則比喻寶珠失而復得，與身懷寶珠同義。

說非新得，說本來具足，此密意頗難令人信受，所以至今尚有諍論。依一般學人的心態，總認為修學既有證量，這證量實為新得。然而若為新得，便須有種種成佛的證量，甲佛、乙佛可以分別，正因不是新得，成佛才須要「漸修頓證」。於漸修時，次第得證量，這些證量其實是引發覺性逐漸顯露，佛性逐漸顯露，行者因心理狀態有所改變，於是認為新得。殊不知這些由漸修而成的次第證量，實在仍然落於假施設的名言句義。必須漸修成熟，才能頓證。無論誰人成佛，成佛的證量都同一境界，頓證亦可以有次第，例如禪宗的三關，又例如甯瑪派的三自解脫 —— 心性自解脫、法性自解脫、平等性自解脫。這些次第，即是出離世間的三重突破，經此三重突破才能名言句義盡，成熟出離。以其法義甚為深密，是故若不深植善根，即難信解，本段經文是故強調這點。

【奘譯】　曼殊室利即白佛言：現在、當來善男子等聞是深法諸行、狀、相，當知即非諸行、狀、相，以所聞法微妙寂靜，諸行、狀、相皆不可得，云何如來作如是說：我已善說彼行、狀、相？

【曼譯】　文殊師利白佛言：世尊，佛說諸法無作無相第一寂滅，若善男子善女人，有能如是諦了斯義，如聞而說，為諸如來之所讚歎，不違法相。是即佛說，亦是熾然。般若波羅蜜相亦名熾然，具足佛法，通達實相，不可思議。

【僧譯】　爾時文殊師利白佛言：世尊，此法無行無相，說此法者亦無行無相。云何世尊說有行相？

【疏】　此說深般若波羅蜜多，「微妙寂靜，諸行、狀、相皆不可得」。此義已見上來所說。

本來具足，即是微妙；名言句義盡，即是寂靜。能悟入本來具足而世間名言句義盡，即無諸行、狀、相可得。如果要做一個比喻，那便可以說，有如螢光屏影像世界中人，其心已離螢光屏，由是而覺知螢光屏中的影像世界，這時便無諸行、狀、相可得，以悟知自己處身的世間為影像世界故，一切唯是影像，一切影像自性即是本性，如是即悟入深般若波羅蜜多。因為這時候，他已現證微妙寂靜而證知如來法身功德。

然則，世尊何以又說「我已善說彼行、狀、相」？由文殊此問，才能引起下文。

【奘譯】 佛告曼殊室利童子：如是，如是，如汝所說。現在、當來善男子等聞是深法諸行、狀、相，彼實皆非諸行、狀、相，以所聞法微妙寂靜，諸行、狀、相皆不可得。然彼聞說甚深法時，歡喜受持、信解、修學，必於過去已曾得聞歡喜受行，故能如是，此行、狀、相依世俗說，非勝義中有如是事。曼殊室利當知，顯了甚深般若波羅蜜多，即為顯了一切佛法，通達真實不思議事。曼殊室利，我本修學菩薩行時所集善根，皆由修學甚深般若波羅蜜多方得成滿。欲住菩薩不退轉地，欲證無上正等菩提，亦由修學甚深般若波羅蜜多乃能成辦。

曼殊室利，若善男子、善女人等欲集菩薩所集善根，當學如是甚深般若波羅蜜多。曼殊室利，若善男子、善女人等欲住菩薩不退轉地，當學如是甚深般若波羅蜜多。曼殊室利，若善男子、善女人等欲證無上正等菩提，當學如是甚深般若波羅蜜多。曼殊室利，若善男子、善女人等，欲善通達一切法界平等之相，當學如是甚深般若波羅蜜多。曼殊室利，若善男子、善女人等，欲善了知一切有情心行平等，當學如是甚深般若波羅蜜多。曼殊室利，若善男子、善女人等，欲疾證得一切佛法，當學如是甚深般若波羅蜜多。

曼殊室利，若善男子、善女人等，欲知佛說如來不能現覺諸法秘密義趣，當學如是甚深般若波羅蜜多。何以故？所覺諸法及能覺者不可得故。曼殊室利，若善男子、善女人等，欲知佛說如來不能證諸佛法秘密義趣，當學如是甚深般若波羅蜜

多。何以故？所證佛法及能證者不可得故。曼殊室利，若善男子、善女人等，欲知佛說如來不能證得無上正等菩提相好威儀無不具足秘密義趣，當學如是甚深般若波羅蜜多。何以故？所證無上正等菩提相好威儀及能證者不可得故。曼殊室利，若善男子、善女人等，欲知佛說如來不成一切功德不能化導一切有情秘密義趣，當學如是甚深般若波羅蜜多。何以故？一切功德所化有情及諸如來不可得故。曼殊室利，若善男子、善女人等欲於諸法得無礙解，當學如是甚深般若波羅蜜多。何以故？甚深般若波羅蜜多不見諸法有少真實若淨若染，生滅等故。曼殊室利，若善男子、善女人等，欲知諸法非去、來、今及無為相，當學如是甚深般若波羅蜜多。何以故？以真法界非去、來、今及無為故，諸法皆入真法界故。

曼殊室利，若善男子、善女人等欲於諸法得無疑惑，當學如是甚深般若波羅蜜多。曼殊室利，若善男子、善女人等，欲能三轉、十二行相無上法輪，及於其中都無執著，當學如是甚深般若波羅蜜多。曼殊室利！若善男子、善女人等欲得慈心普覆一切，而於其中無有情想，當學如是甚深般若波羅蜜多。曼殊室利！若善男子、善女人等，欲與世間同入法性無諸諍論，而於世間及諸諍論都無所得，當學如是甚深般若波羅蜜多。曼殊室利，若善男子、善女人等，欲遍了達處、非處境都無罣礙，當學如是甚深般若波羅蜜多。曼殊室利，若善男子、善女人等，欲得如來力、無畏等無邊佛法，當學如是甚深般若波羅蜜多。

【曼譯】　佛告文殊師利：我本行菩薩道時，修諸善根，欲住阿鞞跋致地，當學般若波羅蜜；欲成阿耨多羅三藐三菩提，當學般若波羅蜜。若善男子善女人，欲解一切法相，欲知一切眾生心界皆悉同等，當學般若波羅蜜，文殊師利，欲學一切佛法具足無礙，當學般若波羅蜜，欲學一切佛成阿耨多羅三藐三菩提時，相好威儀無量法式，當學般若波羅蜜。欲知一切佛不成阿耨多羅三藐三菩提、一切法式及諸威儀，當學般若波羅蜜。何以故？是空法中，不見諸佛菩提等故。

若善男子善女人，欲知如是等相無疑惑者，當學般若波羅蜜。何以故？般若波羅蜜，不見諸法若生若滅，若垢若淨。

是故善男子善女人，應作如是學般若波羅蜜：欲知一切法無過去未來現在等相，當學般若波羅蜜。何以故？法界性相無三世故。

欲知一切法同入法界，心無罣礙，當學般若波羅蜜。

欲得三轉十二行法輪，亦自證知而不取著，當學般若波羅蜜。

欲得慈心遍覆一切眾生而無限齊，亦不作念有眾生相，當學般若波羅蜜。

欲得於一切眾生不起諍論，亦復不取無諍論相，當學般若波羅蜜。

欲知是處非處、十力、無畏，住佛智慧得無礙
辯，當學般若波羅蜜。

【僧譯】　佛告文殊師利：我本行菩薩道時，修諸善根，欲住阿惟越致地，當學般若波羅蜜。欲成阿耨多羅三藐三菩提，當學般若波羅蜜。若善男子、善女人，欲解一切法相，欲知一切眾生心界皆悉同等，當學般若波羅蜜。文殊師利，欲學一切佛法具足無礙，當學般若波羅蜜。欲學一切佛成阿耨多羅三藐三菩提時相好威儀無量法式，當學般若波羅蜜。欲知一切佛不成阿耨多羅三藐三菩提一切法式及諸威儀，當學般若波羅蜜。何以故？是空法中不見諸佛菩提等故。若善男子、善女人，欲知如是等相無疑惑者，當學般若波羅蜜。何以故？般若波羅蜜不見諸法若生若滅、若垢若淨。是故善男子、善女人，應作如是學般若波羅蜜。欲知一切法無過去、未來、現在等相，當學般若波羅蜜。何以故？法界性相無去、來、現在故。欲知一切法同入法界心無罣礙，當學般若波羅蜜。欲得三轉十二行法輪，亦自證知而不取著，當學般若波羅蜜。欲得慈心遍覆一切眾生而無限齊，亦不作念有眾生相，當學般若波羅蜜。欲得於一切眾生不起諍論，亦復不取無諍論相，當學般若波羅蜜。欲知是處非處、十力、無畏，住佛智慧，得無礙辯，當學般若波羅蜜。

【疏】　上來大段經文，唯玄奘譯云「當學甚深般若波羅蜜多」，餘二譯則云「當學般若波羅蜜多」，以玄奘譯為合。深般若與般若有區別，例如《心經》說「觀自在菩薩行深般若波羅蜜多時」，此即說觀自在菩薩行「深般若波羅蜜多行」之時，此即非行「般若波羅蜜多行」，故知二者即有區別。於中觀，內大中觀即是深般若，外中觀即是般若。（參考敦珠甯波車《四部宗義要略》）[1]

此段經文實說深般若波羅蜜多，亦即說離相依相對的了義大中觀。

世間的至高緣起，是相對緣起，此如《入楞伽經》，大慧菩薩問佛一百零八句，即是問相對緣起法。若依大中觀離相依相對緣起而見世間，便見情器世間實依相礙緣起而成立。相礙緣起非世間知識所能知。如我們的情器世間，何以一切事物都成為立體，便非世間知識可以解說，只能知其然而不知其所以然，說我們的情器世間是三度空間，所以一切事物顯現為立體，若再追問其所以，何以是三度空間，便無人可以說出其究竟，即使用量子物理學亦不能回答。量子力學僅能說，能量是波，質點是立體。這便依然未解釋立體的問題。這問題唯有用相礙緣起來說。

今略說相礙緣起。由相礙緣起成立一切法有，即是「任運圓成」。一切識境中的一切事物（不只

---

[1]　見拙《甯瑪派四部宗義釋》，台北：全佛文化，2008。

是我們這個三度空間的一切事物），甚至一切概念，都須適應相礙始能成為有。不同的事物、概念，所須適應的相礙，各各不同，各適其適，是即「任運」。如人所適應，即與蚯蚓所適應不同，人主要用眼與耳來觀察外境，蚯蚓無眼無耳，它只能用觸覺來觀察外境，因此人與蚯蚓所須適應的相礙，一定絕對不同。如是由任運而得圓滿成就，便稱為任運圓成。

關於相礙緣起，對現代人來說不難理解，但在古代，便很難理解，何以一切時空的世間都必須由任運而始得圓成，因為相礙即是局限，任運便是對局限的適應，我們這個世間，局限於三度空間這一條件，因此，不但事物須為立體，甚至可以說，連概念都是立體，甚至當我們說平面時，其實在概念上，是由立體的一個面來說平面，並無一個二度空間的實際平面可說。所以我們這個三度空間的世界，事物非成為立體不可，否則便不能在我們這個世間存在或顯現。這重任運圓成，在古代即難理解。

復次，於說三度空間事物必為立體時，不須要說，他要這樣那樣，他受到這種局限那種局限，他要用這種功能那種功能來適應，只須說，時空便是他的相礙，適應時空便是他的任運，那便夠了。否則，便落在糾纏不清的名言句義裡，於是，相礙緣起便又成為世間知識層次的緣起。所以「任運圓成」可以說是世俗的勝義。

正由於無邊時空的無邊情器世界，都須由任運而
圓成，所以才說，周遍一切界平等。在這大平等
中，即不能說有諸行、諸狀、諸相為真實的顯
現，因為我們不能說出「任運」的真實行、狀、
相。以人為例，人體結構精密，即使是研究人體
的科學家，都無法說出，這個人體結構到底是適
應那一些相礙、要適應多少種相礙才能成立人
體，是故，即可說為無真實行、狀、相。總括一
句來說，周遍一切界（周遍一切時空的世間），
一切諸法皆依相礙緣起而任運圓成，是即一切諸
法都是影像，無真實的行、狀、相。若說有行、
狀、相，其實都依名言與句義而成立，而且必然
是不同世間有不同的名言句義，能這樣理解，便
可以說，周遍一切界的世俗，都無真實的行、
狀、相可得。本段經文，實先依相礙緣起的任運
圓成，來說深般若波羅蜜多的「清淨大平等
性」，這是善巧方便。更依此善巧方便，經文說
種種不可得，輪廻界一切法不可得，涅槃界亦一
切法不可得。明此理，即隨文易知。

【奘譯】　　爾時，曼殊室利童子即白佛言：我觀如是甚深般
若波羅蜜多，無相、無為，無諸功德，無生、無
滅，無力、無能，無去、無來，無入、無出，無
損、無益，無知、無見，無體、無用，非造作
者，亦不能令諸法生滅，不令諸法為一、為異，
無成、無壞，非慧、非境，非異生法、非聲聞
法、非獨覺法、非菩薩法、非如來法，非證、不
證，非得、不得，非盡、不盡，不入生死、不出
生死，不入涅槃、不出涅槃，於諸佛法不成、不
壞，於一切法非作、不作，非可思議、不可思
議，離諸分別、絕諸戲論。如是般若波羅蜜多都
無功德，云何如來勸有情類精勤修學？

佛告曼殊室利童子：如是所說即是般若波羅蜜多
真實功德，善男子等若如是知，此即名為真實修
學甚深般若波羅蜜多。

復次，曼殊室利童子，若菩薩摩訶薩欲學菩薩勝
三摩地，欲成菩薩勝三摩地，欲住如是三摩地
中，見一切佛，知佛名字，及見如是諸佛世界，
能證、能說諸法實相無障、無礙，當學如是甚深
般若波羅蜜多，晝夜精勤勿生厭倦。

**【曼譯】** 爾時，文殊師利白佛言：世尊，我觀正法無為無相、無得無利、無生無滅、無來無去、無知者、無見者、無作者。不見般若波羅蜜，亦不見般若波羅蜜境界。非證非不證，不作戲論，無有分別。一切法無盡離盡，無凡大法、無聲聞法、無辟支佛法，佛法非得非不得，不捨生死，不證涅槃，非思議非不思議，非作非不作。法相如是。不知云何當學般若波羅蜜？

爾時，佛告文殊師利：若能如是知諸法相，是名學般若波羅蜜。菩薩摩訶薩若欲學菩提自在三昧，得是三昧已，照明一切甚深佛法，及知一切諸佛名字，亦悉了達諸佛世界，無有障礙。當如文殊師利所說般若波羅蜜中學。

【僧譯】　爾時文殊師利白佛言：世尊，我觀正法，無為無相，無得無利，無生無滅，無去無來，無知者無見者無作者，不見般若波羅蜜，亦不見般若波羅蜜境界，非證非不證，不作戲論，無有分別。一切法無盡離盡，無凡夫法，無聲聞法，無辟支佛法、佛法，非得非不得，不捨生死，不證涅槃，非思議非不思議，非作非不作。法相如是。不知云何當學般若波羅蜜？

爾時佛告文殊師利：若能如是知諸法相，是名學般若波羅蜜。菩薩摩訶薩若欲學菩提自在三昧，得是三昧已，照明一切甚深佛法，及知一切諸佛名字，亦悉了達諸佛世界，無有障礙，當如文殊所說般若波羅蜜中學。

【疏】　文殊總結甚深般若波羅蜜多，實即由不二而見，亦可說由智識雙運而見。由此法門而見識境相一切皆不真實，故可以說為如夢如幻。於夢幻中，即般若波羅蜜多亦不可見為真實。

文殊問佛，深般若波羅蜜多當如何學？佛答，文殊所說，即如實知諸法法相，是即般若波羅蜜多的修學，故學深般若，即是學如何見諸法實相。

諸法實相非為無相。初，住識境中見有相；及後，離識境見無相；於究竟時，住智識雙運境界，則見一切諸法實相，此實相由無二而見，不住於邊，亦不住於中。玄奘譯文中有一段相當重要，說明觀修甚深般若波羅蜜多的殊勝與利益，經言——

復次，曼殊室利童子！若菩薩摩訶薩欲學菩薩勝三摩地，欲成菩薩勝三摩地，欲住如是三摩地中，見一切佛，知佛名字，及見如是諸佛世界，能證、能說諸法實相無障、無礙，當學如是甚深般若波羅蜜多，晝夜精勤勿生厭倦。

由奘譯經文可知，諸佛由自內證智得證如來法身，實在是證入一個智境，而不是證入一個個體。證智時，同時起後得智，由後得智見一切識境世間，所以內自證智境非獨是佛現證的白然智、根本智，實在無時不是根本智與後得智雙運，因此這雙運境界，便即是深般若波羅蜜多境界。

深般若境界，亦不能說是如來所住的境界，因為如來實無所住。般若亦是名言施設，亦是佛的言說，是故不能說如來可住入言說。

經中說「能證、能說諸法實相無障、無礙」，即是說相礙緣起的任運圓成，諸法實相由任運而適應障礙，以既能適應，即無障無礙，由是可知見諸法任運圓成，即見諸法實相。

又，此處說觀修功德，下來經文始說觀修，實在亦有要義，於下來即當疏說。

【奘譯】　曼殊室利即白佛言：何故名為甚深般若波羅蜜多？

佛告曼殊室利童子：甚深般若波羅蜜多，無相、無名，無邊、無際，無歸依處，非思量境，非罪、非福，非闇、非明，如淨虛空等真法界，分齊、數量都不可得。由如是等種種因緣，是故名為甚深般若波羅蜜多。

復次，曼殊室利童子，甚深般若波羅蜜多是諸菩薩甚深行處，若諸菩薩能行是處，於諸境界悉能通達，如是行處非一切乘之所行處。所以者何？如是行處無名、無相、非所分別，是故名為非所行處。

【曼譯】　文殊師利白佛言：世尊，何故名般若波羅蜜？

佛言：般若波羅蜜無邊無際、無名無相、非思量、無歸依、無洲無渚、無犯無福、無晦無明、如法界無有分齊，亦無限數，是名般若波羅蜜，亦名菩薩摩訶薩行處。非行處非不行處，悉入一乘，名非行處，何以故？無念無作故。

【僧譯】　文殊白佛言：世尊，何故名般若波羅蜜？

佛言：般若波羅蜜，無邊無際，無名無相，非思量。無歸依，無洲渚，無犯無福，無晦無明，如法界無有分齊亦無限數，是名般若波羅蜜，亦名菩薩摩訶薩行處。非行非不行處，悉入一乘，名非行處。何以故？無念無作故。即是一切諸佛之母，一切諸佛所從生故。何以故？以無生故。

【疏】 奘譯「如是行處非一切乘之所行處」，恐誤。應依餘二譯，譯為「悉入一乘，名非行處」。即是說行深般若波羅蜜多行，亦即入一乘，此一乘名為佛乘，或一佛乘，其見修即依如來藏，即依不二法門。然而這深般若波羅蜜多行，亦即「非所行處」，因為「如是行處無名、無相、非所分別，是故名為非所行處。」這即是說，若依識境名言句義而行，可以稱為所行處（行處），若名言句義盡，則不能名為所行處，是故名為非所行處。深般若波羅蜜多行，即由名言句義盡而行，所以在《心經》中，蘊處界盡、十二因緣盡，以至證智的概念亦盡，此即觀自在菩薩之所行處。

由是佛由言說來演示密意，即用「甚深般若波羅蜜多」這個名言來作言說；即演示密意境界。說「無名無相」等，即說，於密意中一切名言句義皆不可住；說「分齊、數量都不可得」等，即演示唯有法界才能與如來法身、如來智無有分別，是即說為身、智、界三無分別，此三無分別的境界，便是一切識境的顯現基。依此顯現基，即可說名為深般若波羅蜜多，是即由甚深智慧得離輪迴岸至涅槃岸。

【奘譯】　曼殊室利復白佛言：諸菩薩摩訶薩修行何法，疾
　　　　　證無上正等菩提？

　　　　　佛告曼殊室利童子：若菩薩摩訶薩行深般若波羅
　　　　　蜜多心無懈倦，疾證無上正等菩提。

　　　　　復次，曼殊室利童子，若菩薩摩訶薩能正修行一
　　　　　相莊嚴三摩地者，疾證無上正等菩提。

　　　　　曼殊室利復白佛言：云何名為一相莊嚴三摩地？
　　　　　諸菩薩眾云何修行？

　　　　　佛告曼殊室利童子：此三摩地以法界相而為莊
　　　　　嚴，是故名為一相莊嚴三摩地。若菩薩摩訶薩欲
　　　　　入如是勝三摩地，先應聽聞、請問、修學甚深般
　　　　　若波羅蜜多，然後能入此三摩地。曼殊室利，若
　　　　　菩薩摩訶薩不動法界，知真法界不應動搖、不可
　　　　　思議、不可戲論，如是能入一相莊嚴三摩地。

　　　　　曼殊室利，若善男子、善女人等欲入如是三摩地
　　　　　者，應處空閑離諸諠雜，結跏趺坐不思眾相，為
　　　　　欲利樂一切有情，於一如來專心繫念，審取名
　　　　　字、善想容儀，隨所在方端身正向。相續繫念此
　　　　　一如來，即為普觀三世諸佛。所以者何？曼殊室
　　　　　利，一佛所有無量無邊功德辯才等，一切佛、三
　　　　　世諸佛，乘一真如，證大菩提無差別故。

　　　　　曼殊室利，若善男子、善女人等精勤修學，得入
　　　　　如是一相莊嚴三摩地者，普能了達無量無邊殑伽
　　　　　沙等諸佛法界無差別相，亦能總持無量無數殑伽
　　　　　沙等諸佛菩薩，已轉未轉無上法輪。如阿難陀多

聞智慧，於諸佛教得念總持，聲聞眾中雖最為
勝，而所持教猶有分限，若得如是一相莊嚴三摩
地者，多聞智慧、念總持力，不可思議，普能受
持無量無數殑伽沙等諸佛菩薩無上法輪，一一法
門皆能了達甚深義趣，宣說、開示，辯才無盡，
勝阿難陀多百千倍。

【曼譯】　文殊師利白佛言：世尊，當云何行能速得阿耨多羅三藐三菩提？

佛言：文殊師利，如般若波羅蜜中所說行，能速得阿耨多羅三藐三菩提。復有一行三昧，若善男子善女人，修是三昧者，亦速得阿耨多羅三藐三菩提。

文殊師利言：世尊，云何名一行三昧？

佛言：法界一相繫緣法界，是名一行三昧。若善男子善女人，欲入一行三昧，當先聞般若波羅蜜，如說修學，然後能入一行三昧。如法界緣，不退不壞，不思議無礙無相。善男子善女人，欲入一行三昧，應處空閑，捨諸亂意，不取相貌，繫心一佛，專稱名字，隨佛方所，端身正向，能於一佛念念相續，即是念中，能見過去未來現在諸佛。何以故？念一佛功德無量無邊，亦與無量諸佛功德無二。不思議佛法等無分別，皆乘一如成最正覺，悉具無量功德，無量辯才。如是入一行三昧者，盡知恆沙諸佛法界無差別相。

阿難所聞佛法，得念總持辯才智慧，於聲聞中雖為最勝，猶住量數，則有限礙。若得一行三昧，諸經法門一一分別，皆悉了知，決定無礙，畫夜常說智慧辯才，終不斷絕，若比阿難多聞辯才，百千等分不及其一。

【僧譯】　缺。

【疏】　　文殊所問，是問菩薩的行持，是即「菩薩行」。

釋迦答，菩薩行即是「一相莊嚴三摩地」（ekavyūha-samādhi，依曼譯為「一行三昧」）。菩薩於行持中，亦入止觀境界，這個境界是，將法界中的一切諸法，皆觀為法界的莊嚴，因此周遍一切界的諸法，無非只是莊嚴法界的自顯現，無論壇城、本尊、六道眾生，以至一切器世間，其顯現只是「一相」，只是唯一法界莊嚴相。以此「一相」而行「一行」。

然則如何修行此三摩地？佛言，須先聽聞、請問、修學甚深般若波羅蜜多，然後始能入此三摩地。這即是說，須現證深般若波羅蜜多，才能入一相莊嚴三摩地。

佛所說的觀修法門，實同密乘。密乘依瑜伽行，於觀修時，有抉擇、觀修、決定、現證的次第，佛之所說，即是依深般若波羅蜜多，成抉擇見與決定見，得決定見後，復由觀修而成現證，現證時所入的三摩地，便是證量，亦即此一相莊嚴三摩地。

佛又說，須「於一如來專心繫念，審取名字、善想容儀，隨所在方端身正向。相續繫念此一如來，即為普觀三世諸佛」，如是而入此三摩地。

此處佛之所說，包括得抉擇見後的觀修，以及得決定見後的觀修。「於一如來專心繫念，審取名

字、善想容儀」，此為得抉擇見後的觀修；「相續繫念此一如來，即為普觀三世諸佛」，此為得決定見後的觀修。由此觀修而成現證，由現證而成一相莊嚴三摩地。於三摩地中，周遍一切界的一切諸法相（法界相），都是法界的莊嚴，是即法界上一切顯現都成一相。依曼譯，定中的境界，即為「不思議佛法等無分別，皆乘一如成最正覺」，「盡知恆沙諸佛法界無差別相」。

此中所說的理趣，亦即密乘觀修的理趣。

依此觀修而成現證，即有無量無邊功德。如經言，即能總持無量無邊諸佛菩薩，已說未說的無上法門。連未說的法門都可以總持，那便是因為已現證諸佛密意故，現證密意便不須依言說。由是可知，一相莊嚴三摩地，實即證入如來藏，住入智識雙運的境界。既住入此境界，即能了達一切法門，可以「宣說、開示，辯才無盡」。

【奘譯】　　曼殊室利即白佛言：彼菩薩乘善男子等，云何得
　　　　　　此三摩地時便獲無邊功德勝利？

【曼譯】　　菩薩摩訶薩應作是念，我當云何逮得一行三昧不
　　　　　　可思議功德無量名稱？

【僧譯】　　缺。

【疏】 依玄奘譯，此句為文殊所問，依曼譯，此句為釋
迦所說，然而二者無異，實即說，菩薩應思念，
為甚麼得此三摩地便可得無量無邊功德。

此處所說，即行人的「隨憶念」。隨憶念是行人
的行持，行者若不知三摩地的行持，即未真實住
入三摩地的境界，這是瑜伽行觀修法門的要義。

【奘譯】　佛言：童子，彼菩薩乘善男子等，精勤修學一相莊嚴三摩地者，常作是念：「我當云何能普通達諸佛法界，受持一切無上法輪，與諸有情作大饒益。」由斯得此三摩地時，便獲無邊功德勝利。曼殊室利，彼菩薩乘善男子等，先聞如是一相莊嚴三摩地功德，發勤精進繫念思惟，如如思惟此定功德，如是如是功德相現；既見此相如先所聞，深生歡喜轉勤修習，漸次得入此三摩地，功德勝利不可思議。若諸有情毀謗正法，不信善惡、業障重者，彼於此定不能證得。

【曼譯】　佛言：菩薩摩訶薩當念一行三昧，常勤精進而不懈怠，如是次第漸漸修學，則能得入一行三昧，不可思議功德作證。除謗正法不信、惡業重罪障者所不能入。

【僧譯】　缺。

**【疏】**　為甚麼得入「一相莊嚴三摩地」便能得無量無邊功德？

行者於觀修時（此時未入一相莊嚴三摩地），由聞此三摩地的功德而作思維，復由觀修而自然得此功德相。例如，於先所聞的佛說，忽然能生勝解；於佛未說的密意，忽然能夠悟入，那時便由信此功德，而成現證此功德，於是「深生歡喜轉勤修習，漸次得入此三摩地」。於入三摩地後，即能遍得一切功德。

上來經文先說功德，然後才說觀修，即是因為須先「如如思惟此定功德」，然後觀修，始得「如是如是功德相現」，所以先說功德，亦即先說決定見。

上來一段經文以及此處經文，佛正說觀修，雖然所說簡略，卻實在精要，例如依此處所說，先由信此功德，然後證此功德，那便是觀修的要點。

信，由聞、思而來，依信而修，即依由聞、思而得的見地而修，此即佛說的「聞所成慧」、「思所成慧」，是即觀修所依的抉擇見。及至修時，得「修所成慧」，於是依修所成慧而成決定，復依決定見而作精勤觀修，由是即成現證。這便是這段經文之所說。

【奘譯】 曼殊室利，譬如有人遇得寶珠，示治寶者言：
「我此寶價值無量，然其形色未甚光鮮，汝當為
我如法磨瑩，但令鮮淨勿壞形色。」其治寶者隨
彼所言，依法專心如如磨瑩，如是如是光色漸
發，乃至究竟映徹表裏，既修治已，價值無量。
曼殊室利，彼菩薩乘善男子等，漸次修學此三摩
地亦復如是，乃至得此三摩地時，便獲無邊功德
勝利。

曼殊室利，譬如日輪普放光明作大饒益，如是若
得一相莊嚴三摩地時，普照法界，亦能了達一切
法門，為諸有情作大饒益，功德勝利不可思議。

曼殊室利，如我所說種種法門皆同一味，謂遠離
味、解脫味、寂滅味，無所乖違。彼菩薩乘善男
子等，若得如是三摩地時，所演法門亦同一味，
謂遠離味、解脫味、寂滅味，無所乖違。彼菩薩
乘善男子等，若得如是三摩地時，隨演法門辯説
無盡，速能成滿菩提分法。是故，曼殊室利童
子，若菩薩摩訶薩能正修行一相莊嚴三摩地者，
疾證無上正等菩提。

復次，曼殊室利童子，若菩薩摩訶薩不見法界種
種差別及一相者，疾證無上正等菩提。若菩薩乘
善男子等，忍菩薩法不應修行，忍大菩提不應求
趣，達一切法本性空故，彼由此忍疾證無上正等
菩提。

若菩薩乘善男子等信一切法皆是佛法，聞一切空

心不驚疑，由此因故疾證無上正等菩提。若菩薩
乘善男子等聞說諸法無不皆空，心不迷悶亦無疑
惑，彼於佛法常不捨離，疾證無上正等菩提。

【曼譯】　復次，文殊師利，譬如有人得摩尼珠示其珠師，
珠師答言，此是無價真摩尼寶。即求師言：為我
治磨，勿失光色，珠師治已，隨其磨時，珠色光
明映徹表裡。文殊師利，若有善男子善女人，修
學一行三昧不可思議功德無量名稱，隨修學時知
諸法相，明達無礙功德增長，亦復如是。

文殊師利，譬如日輪光明遍滿，無有滅相，若得
一行三昧，悉能具足一切功德無有缺少，亦復如
是，照明佛法如日輪光。

文殊師利，我所說法皆是一味、離味、解脫味、
寂滅味。若善男子善女人，得是一行三昧者，其
所演說亦是一味、離味、解脫味、寂滅味，隨順
正法無錯謬相。文殊師利，若菩薩摩訶薩得是一
行三昧，皆悉滿足助道之法，速得阿耨多羅三藐
三菩提。

復次，文殊師利，菩薩摩訶薩不見法界有分別
相，及以一相速得阿耨多羅三藐三菩提相，不可
思議。是菩提中亦無得佛，如是知者，速得阿耨
多羅三藐三菩提。若信一切法悉是佛法，不生驚
怖，亦不疑惑，如是忍者，速得阿耨多羅三藐三
菩提。

【僧譯】　缺。

【疏】　　　此說由漸修而得頓證。

佛言，因為佛說的種種法門皆同一味，所以菩薩漸次修學，於頓證時，便能了達種種法門，而且是由得佛密意而了達，並不是落於言說而自以為了達，如是即能速得無上正等正覺（阿耨多羅三藐三菩提）。

於是佛即以治摩尼寶珠為喻，漸次修治寶珠，令珠放光，即如行者漸次修學，能入一相莊嚴三摩地，普照法界，了達佛一切言說、了達佛說的種種法異門，同時了達一切識境自顯現，由此周遍了達，所以便能獲得無邊不可思議功德。

無上密乘修「現空」、「明空」，從而由「覺空」而現證「樂空」，這亦可以說是觀修一相莊嚴三摩地，用道名言來說，便即是觀修智識雙運境界。這個境界，無論說為樂空，或說為智識雙運，都能統攝無量無邊功德。

再通俗一點來說，有如行者現證法界的生機，那便是無量無邊的如來法身功德。因為生機周遍法界，自然無量無邊。復次，由此現證，即了達如來身智界，所以便能與如來法身功德相應。再由道名言來說，於行者現證一切諸法本性自性空時，即入深般若波羅蜜多；若入一相莊嚴三摩地時，即得無量無邊功德，這就是觀修的究竟行。在《心經》中，佛與觀自在菩薩同時入三摩地，觀自在菩薩所入，即為深般若波羅蜜多行，佛之

所入，即為一相莊嚴三摩地。知道這點，對理解
《心經》有很大的幫助。

【奘譯】　爾時，曼殊室利童子聞是語已即白佛言：諸佛無上正等菩提，定由因緣而證得不？

佛言：不爾。

曼殊室利復白佛言：諸佛無上正等菩提，不由因緣而證得不？

佛言：不爾，所以者何？不思議界不由因緣及非因緣而可證得，諸佛無上正等菩提當知即是不思議界。

曼殊室利，若善男子、善女人等聞如是說心不驚怖；我說彼於無量佛所，已發大願、多種善根，是故苾芻、苾芻尼等，聞說如是甚深般若波羅蜜多，心不驚疑亦不迷悶，彼為真實隨佛出家。若近事男、近事女等，聞說如是甚深般若波羅蜜多，心不驚疑亦不迷悶，彼為真實歸佛、法、僧。若菩薩乘善男子等，不學如是甚深般若波羅蜜多，彼不名為真實修學菩薩乘者。曼殊室利！譬如世間卉木、叢林、藥物、種子，一切皆依大地生長；如是菩薩世、出世間一切善根及餘勝事，無不皆依甚深般若波羅蜜多而得生長。當知如是甚深般若波羅蜜多所攝受法，皆於無上正等菩提隨順證得無所乖諍。

**【曼譯】** 文殊師利白佛言：世尊，以如是因，速得阿耨多羅三藐三菩提耶。

佛言：得阿耨多羅三藐三菩提，不以因得，不以非因得。何以故？不思議界，不以因得不以非因得。若善男子善女人，聞如是說不生懈怠，當知是人已於先佛種諸善根。是故比丘比丘尼，聞說是甚深般若波羅蜜，不生驚怖，即是從佛出家。若優婆塞優婆夷，得聞如是甚深般若波羅蜜，心不驚怖，即是成就真歸依處。

文殊師利，若善男子善女人，不習甚深般若波羅蜜，即是不修佛乘。譬如大地，一切藥木皆依地生長。文殊師利，菩薩摩訶薩亦復如是，一切善根，皆依般若波羅蜜而得增長，於阿耨多羅三藐三菩提不相違背。

**【僧譯】** 缺。

【疏】　　此處說諸佛無上正等正覺，非由因緣生，亦不由非因緣生，即是說，正覺已超越因緣，既已超越，便不能再由因緣、非因緣來探討。

這裡所說，亦是「緣生性空」的正見。倘若以為由見緣生而證性空，那便是說諸佛菩提由因而證，是即錯見。所以不能說：因為緣生，所以性空，以緣生為性空的因。這樣說時，諸佛現證空便仍然落於因緣，未離識境，顯然不合理。

【奘譯】 爾時，曼殊室利童子聞佛所説，便白佛言：此贍部洲當來之世，於何城邑聚落處所演説、開示甚深般若波羅蜜多，人多信受。

佛告曼殊室利童子：今此眾中善男子等聞説般若波羅蜜多，信受修行，歡喜發願：「願我當來隨所生處，常聞般若波羅蜜多。」隨彼當來所生之處，宿願力故，即有如是甚深般若波羅蜜多演説、開示人多信受。曼殊室利，善男子等聞説般若波羅蜜多，歡喜踊躍深信受者，我説彼類久殖善根，乘宿願力乃能如是。曼殊室利，有欲聽受甚深般若波羅蜜多，汝應告言：「善男子等，隨意聽，受勿生驚怖，疑惑、不信，反增謗毀。」今此般若波羅蜜多甚深經中不顯有法，謂不顯有若異生法、若聲聞法、若獨覺法、若菩薩法、若如來法成壞可得。

曼殊室利即白佛言：若有苾芻、苾芻尼等來至我所，作是問言：「云何如來為眾宣説甚深般若波羅蜜多？」我當答言：「佛説諸法無違諍相。所以者何？都無有法能與法諍，亦無有情於佛所説能生信解。所以者何？諸有情類都不可得。」

復次，世尊，我當告彼：如來常説諸法實際。所以者何？諸法平等，無不皆是實際所攝，此中不説阿羅漢等能逮勝法。所以者何？阿羅漢等所證得法與異生法無差別相。

復次，世尊，我當告彼：佛所説法，不令有情於

般涅槃已正當得。何以故？以諸有情畢竟空故。

復次，世尊，善男子等來至我所，作是問言：「仁與如來嘗所談論甚深般若波羅蜜多，請為說之，今希聽受。」我當告彼：「汝等欲聞，勿起聽心，勿專繫念，當起如幻如化等心，如是乃能解我所說。汝等若欲聽我法者，當起是心：今所聞法如空鳥跡、如石女兒。如是乃能聽我所說。汝等若欲聞我法者，勿起二想。所以者何？我所說法遠離二想。汝等今應不壞我想、不起諸見，於諸佛法無所希求，異生法中不樂遷動。何以故？二法相空，無取捨故。」

世尊，諸有請我宣說甚深般若波羅蜜多，我先如是教誡教授，以無相印印定諸法，令求聽者離取著心，然後為說甚深般若波羅蜜多相應之法。

【曼譯】　爾時，文殊師利白佛言：世尊，此閻浮提城邑聚落，當於何處演說如是甚深般若波羅蜜。

佛告文殊師利：今此會中，若有人聞般若波羅蜜，皆發誓言，於未來世常得與般若波羅蜜相應，從是信解，未來世中能聽是經，當知是人不從餘小善根中來，所能堪受，聞已歡喜。文殊師利，若復有人從汝聽是般若波羅蜜，應作是言：此般若波羅蜜中，無聲聞辟支佛、佛法，亦無凡夫生滅等法。

文殊師利白佛言：世尊，若比丘、比丘尼、優婆塞、優婆夷來問我言，云何如來說般若波羅蜜？我當答言，一切說法無諍論相，云何如來當說般若波羅蜜。何以故？不見有法可與諍論，亦無眾生心識能知。復次世尊，我當更說究竟實際，何以故？一切法相同入實際，阿羅漢無別勝法，何以故？阿羅漢法凡夫法，不一不異故。復次世尊，如是說法，無有眾生已得涅槃，今得當得。何以故？無有決定眾生相故。

文殊師利言：若人欲聞般若波羅蜜，我當作如是說。其有聽者，不念不著，無聞無得，當如幻人無所分別，如是說者是真說法，是故聽者莫作二相，不捨諸見而修佛法。不取佛法，不捨凡夫法。何以故？佛及凡夫二法相空，無取捨故。若人問我，當作是說，如是安慰，如是建立。善男子善女人，應如是問，作如是住，心不退沒，當知法相隨順般若波羅蜜說。

【僧譯】　缺。

【疏】　此說深般若波羅蜜多難以信受，經中說能受此深法，須「久殖善根，乘宿願力」，才堪忍此深法，於是文殊即說，須「勿起二想」而見此深法，這便即是不二法門。

經言，聞深般若波羅蜜多，當起如幻如化等心，才能聽法。所謂如幻如化，便即是「非有非非有」。聞法者，住於識境，為識境的名言句義所縛，若依然持著名言句義來理解深般若波羅蜜多，便容易起諍（一如今日之諍如來藏，認為如來藏非佛說），如是即不堪聞法。此如住唯空見者，對深般若的理解，便只是以為緣起甚深、性空甚深，所以般若甚深，依然由「因為緣生，所以性空」來理解深般若，這便是與真實的深般若波羅蜜多相諍，他們所說的般若，只是似般若，在《大寶積經・普明菩薩會》中，佛對此已深加斥責。

聽受深般若波羅蜜多，須遠離二想，是即遠離相依、相對，實在亦離空有的相對，所以說為「不壞我想、不起諸見」。不壞我想，即是不壞世俗；不起諸見，即是不由佛的言說而起見。總的來說，便是「二法相空，無取捨故」。文殊般若的要義即在於此，不落二法（不落世間法，亦不落出世間法），而且知道一切佛的言說，都不能不落二法，由是離二法而知佛的密意，這才是深般若波羅蜜多，亦即文殊不二法門。

# 後分

【奘譯】　　佛讚曼殊室利童子：善哉，善哉，汝能善説我所
　　　　　　説法及説方便。

　　　　　　曼殊室利，若善男子、善女人等欲見如來，欲親
　　　　　　近佛供養恭敬，應學如是甚深般若波羅蜜多。若
　　　　　　諸有情欲請諸佛為大師者，應學如是甚深般若波
　　　　　　羅蜜多。若諸有情欲證無上正等菩提，或不欲
　　　　　　證，應學如是甚深般若波羅蜜多。若諸有情於一
　　　　　　切定欲得善巧，應學如是甚深般若波羅蜜多。若
　　　　　　諸有情於一切定欲自在起，應學如是甚深般若波
　　　　　　羅蜜多。所以者何？諸三摩地要知諸法無生無
　　　　　　滅、無作無為方自在起。何以故？達諸法空無罣
　　　　　　礙故。若諸有情欲達諸法皆有出離，無有一法無
　　　　　　出離者，應學如是甚深般若波羅蜜多。若諸有情
　　　　　　欲達諸法但假施設無真實者，應學如是甚深般若
　　　　　　波羅蜜多。若欲了知諸有情類雖趣無上正等菩
　　　　　　提，而無有情趣菩提者亦無退沒，應學如是甚深
　　　　　　般若波羅蜜多。何以故？達一切法即菩提故。若
　　　　　　欲了達一切有情行菩提行，無不行者亦無退沒，
　　　　　　應學如是甚深般若波羅蜜多。所以者何？菩提即
　　　　　　是諸法實性，一切有情皆行諸法，無捨法者，諸
　　　　　　行皆空，故無退沒。若欲了達一切法性即是菩
　　　　　　提，一切菩提即是法界，此即實際，實際即空，
　　　　　　心無退沒，應學如是甚深般若波羅蜜多。

　　　　　　曼殊室利，甚深般若波羅蜜多，顯示諸佛難思作

用饒益有情，亦是如來所遊戲處。所以者何？甚
深般若波羅蜜多不可示現，不可宣說，是無墮
法；唯有如來如實覺了，方便善巧為有情說。

【曼譯】 爾時，世尊讚歎文殊師利：善哉善哉，如汝所說，若善男子善女人欲見諸佛，應學如是般若波羅蜜；欲親近諸佛如法供養，應學如是般若波羅蜜；若欲言如來是我世尊，應學如是般若波羅蜜；若言如來非我世尊，亦應學如是般若波羅蜜；若欲成阿耨多羅三藐三菩提，亦應學如是般若波羅蜜；若欲不成阿耨多羅三藐三菩提，亦應學如是般若波羅蜜；若欲成就一切三昧，應學如是般若波羅蜜；若欲不成就一切三昧，亦應學如是般若波羅蜜。何以故？無作三昧無異相故，一切法無生無出故。

若欲知一切法假名，應學如是般若波羅蜜；若欲知一切眾生，修菩提道，不求菩提相，心不退沒，應學如是般若波羅蜜。何以故？一切法皆菩提相故。

若欲知一切眾生行非行相，非行即菩提，菩提即法界，法界即實際，心不退沒，應學如是般若波羅蜜；若欲知一切如來神通變化無相無礙，亦無方所，應學如是般若波羅蜜。

【僧譯】是故，文殊師利，若善男子、善女人，欲行菩薩行具足諸波羅蜜，當修此般若波羅蜜。若欲得坐道場，成無上菩提，當修此般若波羅蜜。若欲以大慈大悲遍覆一切眾生，當修此般若波羅蜜。若欲起一切定方便，當修此般若波羅蜜。若欲得一切三摩跋提，當修此般若波羅蜜。何以故？諸三摩提無所為故。一切諸法，無出離無出離處，若人欲隨逐此語，當修般若波羅蜜。一切諸法如實不可得，若欲樂如是知，當修般若波羅蜜。一切眾生，為菩提故修菩提道，而實無眾生亦無菩提，若人欲信樂此法，當修般若波羅蜜。何以故？一切諸法如實與菩提等如。非眾生行，不捨自性，彼眾生行是非行，彼非行是菩提，彼菩提是法界。若欲不著此法，當修般若波羅蜜。

**【疏】**　釋迦說現證般若波羅蜜多的功德。今依經所說，其功德羅列如下 ——

1　能見如來，親近如來。

2　能以諸佛為大師，即依佛密意而修學。

3　得證無上正等菩提（依不二而言，亦可以說為無所證，而經言不欲證）。

4　於一切定得善巧，能自在起一切定。

5　入無罣礙而了達諸法空。

6　了達出離諸法。

7　了達諸法唯依名言假施設而成為有，無有真實。

8　了達於無上正等菩提，無所趣入，亦非不趣入（亦無退沒），以一切法與菩提無二。

9　了達一切有情行菩提行，行非行相（奘譯「無不行者」，恐誤），亦無退沒。

10　了達一切法性即是菩提，一切菩提即是法界，由是知身、智、界三無分別，是即實際。

總結來說，甚深般若波羅蜜多，可說為如來所遊戲處，這即是依密意而顯示言說，一切佛的言說，都可以說是如來的遊戲，一如一切識境，都可以說是如來遊戲，亦即法界的莊嚴。此亦即甚深如來藏義，如來藏是如來法身（佛內自證智境）上有一切識境隨緣自顯現，這些識境既可以

說是如來遊戲，亦可以說為法界莊嚴。由此可知誹撥如來藏，便即誹撥深般若波羅蜜多；誹撥如來藏的觀修，便即誹撥觀修深般若波羅蜜多的瑜伽行。唯識末流及中觀末流，不敢誹撥彌勒的《現觀莊嚴論》、 龍樹的《法界讚》等論，卻敢誹撥如來藏，只是因為他們誤解宗見，而住於誤解，不知深般若波羅蜜多法門，即文殊不二法門，亦即如來藏法門。這三個法門在言說上似有分別，於佛密意實無分別，這點意思，於上來經文經已暢說。

【奘譯】　曼殊室利，若有苾芻、苾芻尼等於深般若波羅蜜
　　　　多，下至受持一四句頌為他演説，定趣菩提住佛
　　　　境界，況能如説而修行者。當知是人不墮惡趣，
　　　　疾證無上正等菩提。

　　　　曼殊室利，若諸有情聞説如是甚深般若波羅蜜
　　　　多，心不沈沒，亦不驚怖，歡喜信受，當知此輩
　　　　於諸佛法定當證得，一切如來皆所印可，開許領
　　　　受為弟子眾。

　　　　曼殊室利，若善男子、善女人等，信受如來無上
　　　　法印，謂深般若波羅蜜多，獲無量福。如是法
　　　　印，一切如來、應、正等覺共所護念，諸阿羅
　　　　漢、菩薩、智者及諸天神皆共守衞。若菩薩乘善
　　　　男子等此印所印，超諸惡趣、聲聞、獨覺，定當
　　　　證得無上菩提。

【曼譯】　佛告文殊師利：若比丘、比丘尼、優婆塞、優婆
　　　　夷，欲得不墮惡趣，當學般若波羅蜜。一四句偈
　　　　受持讀誦，為他解説，隨順實相。如是善男子善
　　　　女人，當知決定得阿耨多羅三藐三菩提，則住佛
　　　　國。若聞如是般若波羅蜜，不驚不畏，心生信
　　　　解，當知此輩佛所印可，是佛所行大乘法印。若
　　　　善男子善女人，學此法印超過惡趣，不入聲聞辟
　　　　支佛道，以超過故。

【僧譯】 文殊師利，若比丘、比丘尼、優婆塞、優婆夷，若受持般若波羅蜜，一四句偈為他人說，我說此人得不墮法，何況如實修行。當知彼善男子、善女人，住佛境界。

文殊師利，若善男子、善女人，聞此甚深般若波羅蜜，不生怖畏。當知此人，受佛法印。此法印者，是佛所造，是佛所貴。何以故？以此法印，印無著法故。若善男子、善女人，為此印所印，當知是人，隨菩薩乘決定不退，不墮聲聞、辟支佛地。

【疏】 此處讚歎般若波羅蜜多，為現證無上菩提的法門，故說小乘行人當入無上大乘。

【奘譯】 時，天帝釋即與無量三十三天諸天子等，各取種種天妙華香、嗢鉢羅花、拘某陀花、鉢特摩花、奔荼利花、微妙音花、妙靈瑞花、栴檀香末，供養般若波羅蜜多，奉散如來、曼殊室利、一切菩薩及聲聞等；復奏種種天諸音樂，歌讚妙法而為供養；復發願言：願我等輩常聞如是甚深般若波羅蜜多無上法印。

時，天帝釋復發願言：願贍部洲諸有情類，常聞般若波羅蜜多，歡喜受持、成辦佛法。我等天眾常衛護之，令受持者無諸留難。諸有情類少用功力而得聽聞、受持、讀誦，當知皆是諸天威力。

爾時，佛讚天帝釋言：天主，汝今能發是願，若有聞此歡喜受持，於諸佛法定能成辦，疾趣無上正等菩提。

曼殊室利即白佛言：唯願如來以神通力，護持般若波羅蜜多久住世間饒益一切。

佛時即現大神通力，令此三千大千世界諸山、大地六反振動；復現微笑，放大光明普照三千大千世界。

曼殊室利便白佛言：此即如來現神通力護持般若波羅蜜多久住世間饒益之相。

佛言：如是，如汝所說。我以神力護持般若波羅蜜多無上法印，令久住世饒益有情。諸佛世尊說勝法已，法爾皆起大神通力，護持此法令住世間，使諸天魔不能得便，諸惡人輩不能謗毀，一

切外道深心怖畏。若有精勤學此法者，一切障難無不殄滅。

時，薄伽梵說是經已，一切菩薩摩訶薩眾，曼殊室利而為上首，及苾芻等四部大眾，天、龍、藥叉、阿素洛等一切眾會，聞佛所說皆大歡喜、信受奉行。

【曼譯】　爾時，帝釋三十三天，以天妙花優鉢羅花、拘物頭花、分陀利花、天曼陀羅花等，天栴檀香，及餘末香，種種金寶，作天伎樂，為供養般若波羅蜜并諸如來及文殊師利，以散其上。作是供養已，願我常聞般若波羅蜜法印。釋提桓因復作是願：願閻浮提善男子善女人，常使得聞是經，決定佛法，皆令信解，受持讀誦，為人演說，一切諸天為作擁護。

爾時，佛告釋提桓因言：憍尸迦，如是如是。善男子善女人，當得決定諸佛菩提。

文殊師利白佛言：世尊，如是受持善男子善女人，得大利益功德無量。

爾時，以佛神力，一切大地六反震動。佛時微笑，放大光明遍照三千大千世界。文殊師利白佛言：世尊即是如來，印般若波羅蜜相。佛言：文殊師利，如是如是，說般若波羅蜜已，皆現此瑞，為印般若波羅蜜故，使人受持，令無讚毀。何以故？無相法印不可讚毀，我今以是法印，令諸天魔不能得便。

佛說是經已，爾時諸大菩薩及四部眾，聞說般若波羅蜜，歡喜奉行。

【僧譯】 爾時釋提桓因及諸天子，從三十三天，雨細末栴檀及細末金屑，又散欝波羅華、鉢頭摩華、拘物陀華、分陀利華及曼陀羅華，以供養般若波羅蜜。供養已，作如是言：我已供養無上無著最第一法，願我來世更聞此深般若波羅蜜。若人已為此深般若波羅蜜印之所印，願其未來復得聽受，究竟成就薩婆若智。

爾時釋提桓因白佛言：世尊，若善男子、善女人，聞此般若波羅蜜一經於耳，我為增長佛法故，守護彼人，面百由旬不令非人得其便也。是善男子、善女人，究竟當得阿耨多羅三藐三菩提。我當日日往到其所而設供養。

爾時佛告釋提桓因：如是，如是，憍尸迦，當知彼善男子、善女人，具足佛法，必定得至阿耨多羅三藐三菩提。

爾時文殊師利白佛言：唯願世尊，以威神力持此般若波羅蜜，久住於世，為欲饒益諸眾生故。

文殊師利說此語時，以佛神力，大地六種震動。爾時世尊，即便微笑，放大光明，遍照三千大千世界，以威神力，持此般若波羅蜜，令久住世。

爾時文殊師利復白佛言：世尊，放此光明，是持般若波羅蜜相？

佛告文殊師利：如是，如是，文殊師利，我放此光明，是持般若波羅蜜相。文殊師利，汝今當知，我已持此般若波羅蜜久住於世。若有人不輕

毀此法，不說其過，當知是人已為此深般若波羅
蜜印之所印。是故，文殊師利，我於久遠安住此
印，若人已為此印所印，當知是人不為魔王之所
得便。

佛告帝釋：汝當受持讀誦此經，廣宣流布，使未
來世諸善男子、善女人，得此法印。

復告阿難：汝亦受持讀誦，廣為人說。

時天帝釋及長老阿難白佛言：世尊，當何名此
經？我等云何奉持？

佛言：此經名《文殊師利所說》，亦名《般若波
羅蜜》，如是受持。善男子、善女人，於恆沙
劫，以無價寶珠布施恆河沙等眾生，眾生受已悉
發道心，是時施主隨其所宜示教利喜，令得須陀
洹果至阿羅漢果。是人所得功德寧為多不？

阿難白佛言：甚多，世尊。

佛言：善男子，若人起一念心，信此般若波羅蜜
經，不誹謗者，比前功德，出過百倍千倍百千萬
億倍，乃至算數譬喻所不能知，何況具足受持讀
誦為人解說。是人所得功德無量無邊，諸佛如來
說不能盡。何以故？能生一切諸佛薩婆若故。若
虛空有盡，則此經功德盡，若法性有盡，則此經
功德盡。是故，文殊師利，善男子、善女人，應
懃行精進守護此經。此經能滅生死一切怖畏，能
摧天魔所立勝幢，能將菩薩到涅槃果，示教訓導
離於二乘。

爾時帝釋、長老阿難俱白佛言：世尊，如是，如是，誠如佛言，我等當頂戴受持，廣宣流布。唯願如來不以為慮。

如是三白言：願不為慮，我等當頂戴受持。

佛說此經竟，文殊師利等諸菩薩摩訶薩，舍利弗等比丘、比丘尼、優婆塞、優婆夷，天、龍、夜叉、乾闥婆、阿修羅、迦樓羅、緊那羅、摩睺羅伽、人非人等，一切大眾，聞佛所說，皆大歡喜，信受奉持。

【疏】　　　帝釋天讚歎佛說，是對般若波羅蜜多能生信，故
　　　　　　對此深法作護持。

　　　　　　文殊請佛護持，是因為佛對甚深教法有危機感，
　　　　　　這危機感強烈地表現在《法滅盡經》及《大涅槃
　　　　　　經》中，文殊當然亦有此危機感，是故請佛護
　　　　　　持。

　　　　　　佛護持已，說言：「護持此法令住世間，使諸天
　　　　　　魔不能得便，諸惡人輩不能謗毀，一切外道深心
　　　　　　怖畏。若有精勤學此法者，一切障難無不殄
　　　　　　滅。」其實這亦等於說，對此甚深法門，有天魔
　　　　　　破壞，有惡人謗毀，為外道怖畏，此即危機之
　　　　　　所在，希望讀者於此三思，能依不二來悟入深
　　　　　　般若。

# 《文殊師利所說不思議佛境界經》

# 引言

《聖文殊師利所說不思議佛境界大乘經》漢譯有兩譯
——

1《文殊師利所說不思議佛境界經》一卷,唐・菩提流志
譯(以下簡稱《佛境界》)。

2《大寶積經》第三十五會《善德天子會》一卷,唐・菩
提流志譯(以下簡稱《善德》)。

比對兩譯,內容頗有差異,以前者為詳。兩譯譯者都題
名為唐代的菩提流志(Bodhiruci, 562-727),然而比較兩譯則
差異頗大,有名言的不同,有文字的不同,甚至連人名亦有不
同,茲舉例如下 ——

1,名言不同的例。如《佛境界》云:

諸佛境界有去來乎。

文殊師利菩薩言:不也,世尊,諸佛境界無來無
去。

這句經文在《善德》則作:

佛言:文殊師利,佛境界有增減耶。
曰:無增減也。

前者用的名言是「去來」,後者則用「增減」。若出於
同一譯師之手,似不合理,除非是以不同的梵文原本用作繙
譯。

2，文字不同的例。如《佛境界》云：

> 佛言：童子，空豈是有法而言於中有貪瞋癡。
> 文殊師利菩薩言：貪瞋癡亦是有。

這句經文在《善德》則作：

> 佛言：文殊，彼性空中，云何復有貪瞋癡耶。
> 文殊師利言：於彼有中，有性空處，有貪瞋癡。

比較二者，《佛境界》中此兩句，文殊答得簡明直接。佛問：空是不是有法？意思是，唯有「有法」才能顯現為貪瞋癡相。文殊並未回答這個問題，只說貪瞋癡亦是有法。意思是，貪瞋癡本身已經是「有法」，所以沒有佛問的問題。於《善德》中，佛等如是問同樣的問題，文殊則回答說：於「有」中有性空，所以貪瞋癡雖是有法，亦可性空而有。二者文義差別，足證所據梵本不同。

3，人名不同的例。如本經問法者，《佛境界》作「勝德天子」，《善德》則作「善德天子」。同名異譯，此或與筆受者有關。

菩提流志是《大寶積經》的編者，全經收入四十九會，亦即四十九種經文，其中有二十三種為舊譯，菩提流志補譯二十六種，所以《大寶積經》可以說是新舊譯的合編本。

值得注意的是，菩提流志譯出的二十六種經，只有十一種是新譯，其餘十五種實為重譯。可以這樣理解，菩提流志對於十五種舊譯不滿意，所以便自行重譯，例如他對北涼曇無讖的《大方廣三戒經》，即重譯為《三律儀會》，事實上他的重

譯，亦的確比曇無讖的繙譯為佳。

在這種情形下，《佛境界》的繙譯實較《善德》為詳，那就不能說菩提流志對《佛境界》的繙譯不滿意，是故加以重譯，只能說菩提流志譯《善德》在先，且編入《大寶積經》中，編成之後得到新的梵本，於是加以重譯，這時就不能將之編入《大寶積經》，於是即以異譯的面目傳世。

由這個情形，說明梵本傳入漢土時有異本，廣略不同，甚至名相與文義都不盡相同。倘若只依言說來理解經文，便可能有所錯失。

本經經題，宜依梵本題為《文殊師利所說不思議佛境界經》。經題的表義很簡單，只是文殊師利依不二法門來說佛境界。所謂佛境界，即是佛內自證智境界，亦即如來法身境界。

對於佛內自證智境界本無可說，因為不可思議。所以文殊所說，實在是本無可說而說，其所說，即依智識雙運的境界而說。

智境不成顯現，所以不能由色、聲、香、味、觸、法來見如來法身。然而，智境上有識境隨緣自顯現，由識境顯現即可見其如幻，且由識境亦可見如來法身功德，所以智境便唯藉識境而成顯現，或可說為，唯藉如來法身功德而成顯現。

於如是說佛境界後，經中說文殊在兜率陀天上為諸天說法。說法分兩部份，先說不放逸行，再說菩薩道，這便是識境中人如何能由觀修而成現證智識雙運。若以說佛境界為見地，這部份說的，便是依見地而作修持與行持。說不放逸行甚為詳細，說菩薩道則較為簡略，足見本經是為資糧道與加行道行人

而說。

　　因此經中說不思議佛境界時，便依見與修而有兩重密意。一者、不能由識境來窺測智境，然而卻可以由識境觀修，由是悟入智境；二者、智境對識境來說，雖然不可思議，但智境卻有功德，能令識境生起。通過說佛境界，便可以成立智境與識境雙運的境界，這亦可以說為佛內自證根本智與後得智雙運的境界。

# 《文殊師利所說不思議佛境界經》

唐・菩提流志　譯

談錫永　釋

梵名：*Ārya-acintya-buddhaviṣaya-nirdeśa-nāma-mahāyāna-sūtra*

藏名：*'Phags pa sangs rgyas kyi yul bsam gyis mi khyab pa
　　　bstan pa zhes bya ba theg pa chen po'i mdo*

漢名：聖〔文殊師利〕所說不思議佛境界大乘經

# 前分

## 【不思議佛境界經】

　　如是我聞。一時，佛在舍衛國祇樹給孤獨園，與大比丘眾一千人、菩薩十千人俱，復有欲界諸天子、色界諸天子及淨居天子，并其眷屬無量百千周匝圍繞，供養恭敬聽佛說法。爾時佛告文殊師利菩薩言：童子，汝有辯才，善能開演，汝今應為菩薩大眾宣揚妙法。

　　時文殊師利菩薩白佛言：世尊，佛今令我說何等法？

　　佛言：童子，汝今應說諸佛境界。

## 【善德天子會】

如是我聞。一時，佛在舍衛國祇樹給孤獨園，與大比丘眾一千人俱、菩薩摩訶薩十千人，并欲色界諸天子等，是時文殊師利菩薩摩訶薩，與善德天子俱在會中。

爾時，世尊告文殊師利：汝當為此諸天大眾及諸菩薩，演說諸佛甚深境界。

【釋義】　前分所說，為文殊師利菩薩演說本經因緣。

本會會眾，除大比丘與大菩薩外，並有欲界、色界諸天天子，未說有無色界天子參與，是即本經說佛境界為針對欲界、色界而說。復次，欲界諸天有情欲及色（物質），色界諸天雖無情欲但有物質，可見本經主旨即是針對物質世間來說離物質的佛境界。

《佛境界》中特別強調有淨居天子與會，淨居天為色界第四禪天，計有無煩天、無熱天、善現天、善見天、色究竟天等五天，此中聖者其心清淨，亦即雖有物質，但其心識卻不落於物質的局限，無有由物質設立的名言與句義，是故清淨。心既清淨，所居的世間便亦清淨，是故稱為淨居。

本會說有淨居天子參與，其密意便是：雖有外色境與內識境，但若欲知佛境界時，必須不執著外色，由不執著外色，內識便成無執著而得清淨，這即是見諸佛境界的基本心態，是為必須。

## 【不思議佛境界經】

文殊師利菩薩言：世尊，佛境界者，非眼境界、非色境界、非耳境界、非聲境界、非鼻境界、非香境界、非舌境界、非味境界、非身境界、非觸境界、非意境界、非法境界，無如是等差別境界，是乃名為諸佛境界。世尊，善男子善女人，有欲入於佛境界者，以無所入而為方便乃能悟入。

爾時，文殊師利菩薩白佛言：世尊，如來於何等境界而得菩提？

佛言：童子，我於空境界得菩提，諸見平等故；無相境界得菩提，諸相平等故；無願境界得菩提，三界平等故；無作境界得菩提，諸行平等故；童子，我於無生無起無為境界得菩提，一切有為平等故。

時文殊師利菩薩復白佛言：世尊，無為者是何境界？

佛言：童子，無為者非思量境界。

文殊師利菩薩言：世尊，非思量境界者是佛境界。何以故，非思量境界中無有文字、無文字故，無所辯說、無所辯說故，絕諸言論、絕諸言論者，是佛境界也。

# 【善德天子會】

文殊師利白佛言：唯然世尊，若善男子善女人，欲知佛境界者，當知非眼耳鼻舌身意境界、非色聲香味觸法境界。世尊，非境界是佛境界。

以是義故，如佛所得阿耨多羅三藐三菩提，為何境界耶？

佛言：空境界，諸見平等故；無相境界，一切相平等故；無願境界，三界平等故；無作境界，有作平等故；無為境界，有為平等故。

文殊師利言：世尊，何等是無為境界？

佛言：無念是無為境界。

文殊師利言：世尊，若無為等是佛境界，為無念者，依何而說，無所依故，則無所說，無所說故，則不可說。世尊，諸佛境界不可說也。

**【釋義】** 本處經文第一段，說佛境界。

文殊說諸佛境界非六根、六塵境界。此中與意境界相應的法境界特別重要，所謂法境界即是由意所生的一切心行相，包括抽象的名言與句義，是即一切由意識主導的概念。佛境界非法境界，便即是離一切由意識主導的心理狀態。

由此可知，能離名言與句義而覺受，即可說為清淨，若依名言與句義而覺，即可說為污染。前者可以淨居天子為例，他們的心識狀態即由是清淨，後者即是除淨居天外的欲界、色界諸天，以至包括我們的世間，其心識狀態即因執著名言與句義而起覺受，是故稱為污染。

於說佛境界後，復說「有欲入於佛境界者，以無所入而為方便乃能悟入」。這便亦是說須離識境才能入佛境界。若以為有所入，那只是識境的心理狀態；若無所入，便即是不落於入的名言句義，是即為入佛境界的善巧方便。

本處經文第二段，說文殊問佛現證無上正等正覺（阿耨多羅三藐三菩提，梵文 Anuttara-samyak-saṃbodhi）是何境界。佛答，由平等故可說為：空境界、無相境界、無願境界、無作境界、無生境界、無起境界、無為境界。這即是強調佛所證為清淨大平等性。譬如淨居天子已得清淨，何以不能成佛，即是由於未證大平等性。這大平等性周遍一切界，識境中種種心態若能轉為平等（平等

性顯露），是即可證諸佛境界。

經中說：由諸見平等即能於空境界得菩提。這即是由諸見平等而知本性自性空。以螢光屏為喻，螢光屏上一切影像的自性都必然是螢光屏性，這螢光屏性便是影像的本性，所以一切影像必以本性為自性，此即稱為本性自性空。而且無論輪迴、涅槃一切法，凡說為「法」，則都是本性自性空。這樣來施設空性，即可涵蓋一切建立空性的見地，由是說諸見平等而成正覺。

經中說：由諸相平等即能於無相境界得菩提。這即是由一切現象平等而見無相。心識認知現象不能平等，常作校量，此是善（對我有利）、此是不善（對我有害）；此是美（為我所愛）、此是醜（為我所不愛），如是等等，對諸相即不能平等，能得平等，才能知諸相非相，因為所謂相，無非只是不平等的心理狀態對現象的認知，並由認知而生執著，從而建立其為有。由是認知諸相平等，即能解除執著，了知無相而成正覺。

經中說：由三界平等即能於無願境界得菩提。這即是由一切識境世間平等而見無願。以人為例，除佛教外一切宗教皆嚮往生天，這便是建立人與天的不平等。佛家平等看一切識境世間，既不追求生天，即使證入八地以上，仍不追求常住法身境界，甚至可以再來世間行大悲事業，所以不願求成佛、不畏懼輪迴，是即無願。由是認知三界平等，即能捨離不平等見，了知無願而成正覺。

經中說：由諸行平等即能於無作境界得菩提。這即是由平等觀察而見無作。識境中人，由識覺來觀察一切見與不見的事物，由此而成造作。例如現在西方世界的科學家，想造作「上帝粒子」，這便是由識覺而成的謬誤。他們誤認必然有一種最原始的粒子，於是用物理方式來決定這種粒子，殊不知物理方式的決定依然是識覺的決定，凡可由識覺決定的物質，必然不能稱為「上帝」，除非將「上帝」定義為落於識境的生態，但當這樣定義時，便依然逃不開「上帝為誰所造」的質問。這便是由見諸行不平等而有所作。若見諸行平等，即知無作而成正覺。

經中說：由一切有為平等知無生、無起、無為境界得菩提。這即是由平等對待因果而見無生等。所謂有為法，即是落於因果的現象或思維。在識境中必然有因果，識境中人須了知因果的法則。但是，我們卻不能平等地對待因果，例如認為可以贖罪、可以轉嫁，同時由自我出發來認識善惡，由是便將生滅現象落入名言與句義來解釋，這樣，便因為對落於因果的有為法起分別，由是不認識外境的無生、內識的無起，當然便更不能認識離因果的無為境界。若見一切有為法平等，即能離人我、法我而知無為，由是而成正覺。

本處經文第三段，問無為境界。因為佛境界無為。

在這裡，不依法異門說離因緣為無為，只說非思
量境界即是無為境界，那便是要離開識境的理
則，因為凡有思量，便必有邏輯，即使愚人亦有
他自己的邏輯，是即為識境的名言句義，是故無
為即非思量境界，由非思量，即可說為離言說。

對於佛典，亦須離言而知其密意，在這裡，可以
將密意看成是佛的境界，亦即如來法身。

綜合三段經文而言，本處經文成立佛境界，並依
此而說如何現證佛境界，以及如何入佛境界。三
段經文連貫，讀者於此即知智境與識境的區別，
同時知道何謂出離。

## 【不思議佛境界經】

爾時，世尊問文殊師利菩薩言：童子，諸佛境界當於何求？

文殊師利菩薩言：世尊，諸佛境界，當於一切眾生煩惱中求。所以者何，若正了知眾生煩惱，即是諸佛境界故。此正了知眾生煩惱，是佛境界，非是一切聲聞辟支佛所行之處。

爾時，世尊復語文殊師利菩薩言：童子，若佛境界即於一切眾生煩惱中求者，諸佛境界有去來乎？

文殊師利菩薩言：不也，世尊，諸佛境界無來無去。

佛言：童子，若諸佛境界無來無去者，云何而言，若正了知眾生煩惱，即是諸佛境界耶？

文殊師利菩薩言：世尊，如諸佛境界無來無去，諸煩惱自性亦復如是無來無去。

佛言：童子，何者是諸煩惱自性？

文殊師利菩薩言：世尊，佛境界自性，即是諸煩惱自性。世尊，若佛境界自性異諸煩惱自性者，如來則非平等正覺，以不異故，於一切法平等正覺說名如來。

## 【善德天子會】

佛言：文殊師利佛境界當於何求？

曰：於一切眾生煩惱中求。何以故，眾生煩惱性不可得，非聲聞緣覺之所能知，是則名為諸佛境界。

佛言：文殊師利，佛境界有增減耶？

曰：無增減也。

佛言：云何了知一切眾生煩惱本性？

曰：如佛境界無有增減，煩惱本性亦無增減。

佛言：云何名為煩惱本性？

曰：煩惱本性是佛界本性。世尊，若煩惱性異佛境界，則不說佛住一切法平等性中，以煩惱性即佛界性故，說如來住平等性。

【釋義】　本處經文實承接上文而言。上文說到出離識境，因此便恐怕學人誤認須離識境而作觀修，或誤認學佛的人須捨棄識境世間。倘若有這些誤認，那便只是對空性的歪曲，對佛境界的歪曲。

由是文殊說：「諸佛境界，當於一切眾生煩惱中求。」是即不背棄世間而成出離。因為出離的只是對識境名言句義的執著，並非出離世間現實存在的一切法。換言之，世間有一切法的顯現，對眾生來說並非束縛，眾生只是將一切法的顯現建立為名言句義，由是自縛，是故須要出離。所以經文說：「若正了知眾生煩惱，即是諸佛境界故。此正了知眾生煩惱，是佛境界。」何謂「正了知」，是即離名言與句義而知，這恰恰便是出離。

因為說到出離，因此佛便問文殊，諸佛境界是否有來去（《善德》作是否有增減）。所問來去、增減，都是問是否須要有來去、增減，才能出離識境而入智境（佛境界），此如去識境而來智境；減識境而增智境。文殊對此當然否定，因為諸佛境界自性與煩惱自性平等。由是說「佛境界自性，即是煩惱自性」。此處《善德》作「煩惱本性是佛界本性」，更佳。因為前面已經說過，輪迴涅槃一切法都以本性為自性。

以此之故，經言：「於一切法平等正覺說名如來。」這即是為「如來」作一定義，強調大平等

性，周遍一切法平等，在此平等性中成正覺，即可名為如來。

## 【不思議佛境界經】

爾時，世尊復語文殊師利菩薩言：童子，汝能了知如來所住平等法不？

文殊師利菩薩言：世尊，我已了知。

佛言：童子，何者是如來所住平等法？

文殊師利菩薩言：世尊，一切凡夫起貪瞋癡處，是如來所住平等法。

佛言：童子，云何一切凡夫起貪瞋癡處，是如來所住平等法？

文殊師利菩薩言：世尊，一切凡夫於空、無相、無願法中起貪瞋癡，是故一切凡夫起貪瞋癡處，即是如來所住平等法。

佛言：童子，空豈是有法而言於中有貪瞋癡？

文殊師利菩薩言：貪瞋癡亦是有。

佛言：童子，空云何有、貪瞋癡復云何有？

文殊師利菩薩言：世尊，空以言說故有，貪瞋癡，亦以言說故有。如佛說比丘，有無生、無起、無作、無為，非諸行法。此無生、無起、無作、無為，非諸行法，非不有。若不有者，則於生起作為諸行之法應無出離，以有，故言出離耳。此亦如是。若無有空，則於貪瞋癡無有出離，以有空故，說離貪等諸煩惱耳。

佛言：童子，如是如是，如汝所說。貪瞋癡等一切煩惱，莫不皆住於空之中。

文殊師利菩薩復白佛言：世尊，若修行者離貪瞋等而求於空，當知是人未善修行，不得名為修行者。何以故，貪瞋癡等一切煩惱即空故。

# 【善德天子會】

又問：汝見如來住何平等？

曰：如我所解，眾生現行貪瞋癡者，所住平等為如來住。

佛言：眾生現行三毒煩惱，住何平等？

答曰：住空、無相、無願平等性中。

佛言：文殊，彼性空中，云何復有貪瞋癡耶？

文殊師利言：於彼有中，有性空處，有貪瞋癡。

佛言：於何有中說有性空？

曰：於文字語言中，說有性空。有性空故，有貪瞋癡，如佛所說諸比丘，有無生、無為、無作、無起，若無生、無為、無作、無起不有者，亦不可說有生、有為、有作、有起。是故比丘，以有無生及無所起，由此得說有生、有起。如是世尊，若無性空、無相、無願，則不可說貪瞋癡等一切諸見。

佛言：文殊師利，以是義故，如汝所說，住煩惱者，是住性空。

文殊師利言：世尊，若觀行者，離於煩惱而求性空，則不相應，云何別有性空異於煩惱，若觀煩惱即是性空，為正修行。

【釋義】　承上文的大平等性義，是故佛問文殊，是否了知佛所住平等法。由此一問，便說到智境與識境平等，所以文殊說「一切凡夫起貪瞋癡處，是如來所住平等法。」這即是說凡夫起貪瞋癡處亦與如來法身平等。聽起來，這說法似不合理，貪瞋癡是凡夫的污染，如來法身清淨，二者如何能平等。然而，這正是不二法門的要義，如來藏的要義。若不淨與清淨不平等，如何能說為「不二」；若識境與智境不平等，如何能說為雙運。

雖然如此，但對於不淨與清淨平等之理亦須一說。所以文殊說言：「一切凡夫於空、無相、無願法中起貪瞋癡，是故一切凡夫起貪瞋癡處，即是如來所住平等法。」這即是說，凡夫起貪瞋癡處，實在智境上而起，空、無相、無願法等即是智境（智本唯一，但於言說則可說為多，此由異門而說）。若用螢光屏的例來作比喻，貪瞋癡有如螢光屏上的影像，空、無相、無願法有如螢光屏，影像住於螢光屏上，所以便可以說：影像於螢光屏上起貪瞋癡，是故起貪瞋癡處，即是螢光屏處，由是影像與螢光屏平等，如是即可說為不二，亦可說為如來藏的智識雙運境界。

接著經文由空性來解釋平等。

先提出一個問題：「空豈是有法而言於中有貪瞋癡」。這問題的假設是，既說是「空」，便不是

「有法」，因此在空中何以會有貪瞋癡等有法。

文殊答言：「於彼有中，有性空處，有貪瞋癡。」（依《善德》）那即是說，在一切有法中，即有性空處，當然亦有貪瞋癡處（於影像中，有螢光屏，當然亦有影像）。

由是便引出第二個問題：「空云何有、貪瞋癡復云何有。」那便等於問，佛內自證智境云何而有、凡夫的心識境界云何而有。必須要理解這個問題，才能說明文殊上來所答（「於彼有中，有性空處，有貪瞋癡。」）

文殊答言：「空以言說故有，貪瞋癡，亦以言說故有。」佛內自證智的境界不能見，不可思議，然而為了言說，只能說之為「空」；凡夫的心識境界，可見可思議，是故凡夫即說此為有，然而，說之為「有」亦是言說而已，實在是由言說而成有，因其實相只是影像，只能說為如夢如幻。由「言說故有」，即可說空與貪瞋癡平等。

由第二個問題，又可以引出第三個問題，是即如何將涅槃界的無為法說之為有。這個問題佛雖不問，但文殊已說。說為無生、無起、無作、無為，雖然是涅槃界的無為法，但卻不能說是「不有」。

文殊的說法依《善德》較易理解。若無生、無起、無作、無為不有，則不能施設有生、有起、

有作、有為。現在於識境中分明具足有有生、有起、有作、有為，所以在識境中便不能否定其相對法的有，因為識境中一切諸法必是相依、相對而建立。是故一切無為法，皆可依識境的有為法，由相對而建立為有。

這樣的建立，雖然說是施設，但這施設在識境中卻絕對真實，這正是不二法門與如來藏的要點，於智境與識境不二時、或說於智境與識境雙運時，二者都須看成是真實，倘若否定一邊，那便不能說為不二，只得一邊亦不成雙運。

由是便表示出本經重要的密意，無論是涅槃法或輪迴法、無為法或有為法，可以說之為空，但亦可由言說而說之為有。若有為法不建立為有，則不能說出離有為法，豈能出離「不有」，正因此境界為有，才能說出離這個境界。因此無為法亦必須施設為有。然而若依空而言，有為法及無為法亦必須施設為空。經言：「若無有空，則於貪瞋癡無有出離，以有空故，說離貪等諸煩惱耳。」這樣一來，我們便不能否定言說，更不能否定由言說所作的施設，正因不作否定，才能成出離而得證覺。

依上來所說，即知不二法門的重要。一般學佛的人，一聽見是言說，是假施設，便從心理上起否定，認為要將這些假施設由空性來作否定，才是學人之所應為。殊不知當這樣造作時，實在已經

否定修道，自己亦實在是只依言說來作推理，如
是便連資糧亦不可得，而且有落於唯空的危險。

如是得出結論。佛說：「住煩惱者，是住性空」；
文殊說：「若修行者離貪瞋等而求於空，當知
是人未善修行，不得名為修行者」。經論所說
二句，即是不二法門的要義。若落言說則可說
為，住煩惱與住性空平等，如是修行。

**【不思議佛境界經】**

爾時，世尊復語文殊師利菩薩言：童子，汝於貪瞋癡為已出離為未離乎？

文殊師利菩薩言：世尊，貪瞋癡性即是平等，我常住於如是平等，是故我於貪瞋癡，非已出離亦非未離。

世尊，若有沙門婆羅門，自見離貪瞋癡，見他有貪瞋癡，即是二見。何謂二見：謂斷見常見。所以者何，若見自身離貪瞋癡即是斷見，若見他身有貪瞋癡即是常見。世尊，如是之人非為正住。夫正住者，不應於己見勝謂他為劣故。

## 【善德天子會】

佛言：文殊師利，汝住煩惱離煩惱耶？

文殊師利言：所有煩惱悉皆平等，如是平等，我正修行入此平等，則不離煩惱不住煩惱。若沙門婆羅門，自謂離欲見他煩惱，彼隨二見。云何二見：謂有煩惱名為常見，謂無煩惱名為斷見。世尊，正修行者，不見自他有無之相。何以故，明了一切法故。

【釋義】　佛問文殊：「汝住煩惱離煩惱耶？」（《善德》較佳）。這是承接上來所說密意而問，若說不二，則應住煩惱、離煩惱不二。

文殊師利即依不二而答：「我於貪瞋癡，非已出離亦非未離。」若非如是，即非不二；若非不二，即落常見、斷見，所以文殊說，若有沙門、婆羅門，見自己離貪瞋癡，即是斷見；見他人未離貪瞋癡，即是常見。此以常斷為例，對於生滅、一異、來去，亦須如是不落二見而得正住（正修行）。

## 【不思議佛境界經】

爾時，世尊復語文殊師利菩薩言：童子，若如是者，住於何所名為正住？

文殊師利菩薩言：世尊，夫正住者無有所住，住無所住，是乃名為正住之耳。

佛言童子：豈不以住於正道為正住耶？

文殊師利菩薩言：世尊，若住正道則住有為，若住有為則不住於平等法性。何以故，有為法有生滅故。

## 【善德天子會】

佛言：文殊師利，依何正修行？

曰：正修行者為無所依。

佛言：不依於道而修行耶？

曰：若有所依而修行者，則是有為，若行有為則非平等。所以者何，不離生住壞故。

【釋義】　此處經文依不二法門而問正修行（正住）。

若依不二，則須無所住而住，無所依而修行，才能說之為「正」，因為有依有住，必落識境，世間有情亦唯有依識境而住。學人每每依宗義而住，依言說而住，自以為善，而且捨離不善，是即不知大平等性，由是終身唯落於識境，求識境之善，這樣其實是違反了佛的密意，失清淨大平等性。正因學人容易犯這種毛病，所以佛才在《大涅槃經》說四依。

## 【不思議佛境界經】

爾時，世尊復語文殊師利菩薩言：童子，無為是數法不？

文殊師利菩薩言：世尊，無為者非是數法。世尊，若無為法墮於數者，則是有為非無為也。

佛言：童子，一切聖人得無為法不有數耶？

文殊師利菩薩言：世尊，非諸聖人證於數法，已得出離諸數法故。

## 【善德天子會】

佛言：文殊師利，無為中頗有數耶？

文殊師利言：世尊，若無為有數即是有為，非謂無為。

佛言：若聖者得證無為，則有此法，寧無數耶？

曰：法無數故，聖遠離數，為無數也。

【釋義】　佛問文殊，無為是不是「數法」。所謂數法，即是依識境知識而建立的法，非自然而然的法。所以文殊答言，無為不能稱為數法。因為無為這個名言雖然依識境言說而建立，但無為其實只是一個佛內自證智的境界，自然而有，法爾而有，名言落於數法，無為境界則不落數法。所以說：「非諸聖人證於數法，已得出離諸數法故。」

## 【不思議佛境界經】

爾時,世尊復語文殊師利菩薩言:童子,汝為成就聖法,為成就非聖法?

文殊師利菩薩言:世尊,我不成就聖法,亦不成就非聖法。世尊,如有化人,為成就聖法,為成就非聖法?

佛言:童子,化人不可言成就聖法,亦不可言成就非聖法。

文殊師利菩薩言:世尊,佛豈不說一切諸法皆如幻化?

佛言:如是。

文殊師利菩薩言:世尊,一切諸法如幻化相,我亦如是,云何可言成就聖法成就非聖法?

## 【善德天子會】

佛言：文殊汝證聖法為不證耶？

文殊師利言：世尊，若問化人，汝證聖法為不證者，彼云何答？

佛言：文殊，夫化人者，則不可說有證非證。

文殊師利言：佛豈不說一切諸法皆如化耶？

佛言：如是如是。

曰：若一切法皆如化者，云何問言，汝證聖法為不證也？

【釋義】　　為了澄清「非諸聖人證於數法，已得出離諸數法故」這說法，所以佛才會問，這樣，到底是成就聖法，抑或是成就非聖法。

文殊以一切法如幻作答，既然識境中一切法有如幻法，因此說為聖法、說為非聖法，都是如幻。既然如幻，即應於如幻中平等，因此不能說成就聖法、成就非聖法。

## 【不思議佛境界經】

爾時，世尊復語文殊師利菩薩言：童子，若如是者，汝何所得？

文殊師利菩薩言：世尊，我得如來平等無自性境界。

佛言：童子，汝得佛境界耶？

文殊師利菩薩言：若世尊於佛境界有所得者，我亦得於諸佛境界。

時長老須菩提，問文殊師利菩薩言：大士，如來不得佛境界耶？

文殊師利菩薩言：大德，汝為得聲聞境界不？

須菩提言：大士，聖心解脫無有境界，是故我今無境界可得。

文殊師利菩薩言：大德，佛亦如是，其心解脫無有境界，云何而謂有所得乎？

## 【善德天子會】

佛言：文殊，汝於三乘證何平等？

曰：佛界平等，我如是證。

佛言：汝得佛境界耶？

曰：若世尊得者我亦當得。

爾時，尊者須菩提，語文殊師利言：如來不得佛境界耶？

文殊師利言：汝於聲聞境界有所得耶？

須菩提言：聖者解脫非得非不得。

曰：如是如是，如來解脫亦非有境界，非無境界。

【釋義】　若無成就聖法、非聖法的分別，是則學人到底是有所得，抑或是無所得。若依言說，便只能說是「我得如來平等無自性境界」。這即是說，若得無自性境界，既不能說是無所得，亦不能說是有所得；若得平等境界，則不能分別有所得與無所得。

佛更追問：「汝得佛境界耶？」文殊答言：「若世尊於佛境界有所得者，我亦得於諸佛境界。」這即是說，自己所得的是平等無自性境界。文殊這樣答，並非驕慢，因為一切眾生本來即自然而然具足這種境界，這才能說為不二法門。

須菩提以為文殊驕慢，所以問他「如來不得佛境界耶？」當文殊反問他「汝為得聲聞境界不？」須菩提答：「聖心解脫無有境界，是故我今無境界可得。」這樣一反問，便證成「佛亦如是，其心解脫無有境界」。

這種答問方式稱為反詰，佛亦常用反詰來回答問題。希臘大哲學家蘇格拉底（Socrates, 469-399 BC）的講學方式，即由反詰而說，可能受到佛家的影響，因為當時西域已有佛法傳播，而且成為主流，蘇格拉底不可能不受到影響。

## 【不思議佛境界經】

須菩提言：大士，汝今說法，可不將護初學心耶？

文殊師利菩薩言：大德，我今問汝，隨汝意答。如有良醫欲治人病，為將護病人心故，不與辛酸醎苦應病之藥，能令其人病得除差至安樂不？

答言：不也。

文殊師利菩薩言：大德，此亦如是，若說法師為將護初學心故，隱甚深法而不為說，隨其意欲演麁淺義，能令學者出生死苦至涅槃樂，無有是處。

說是法時，眾中有五百比丘僧，諸漏永盡心得解脫，八百諸天子，遠塵離垢得法眼淨，復有七百諸天子，聞其辯才深生信樂，皆發阿耨多羅三藐三菩提心。

## 【善德天子會】

須菩提言：文殊師利，汝不將護新發意菩薩，而演說法。

文殊師利言：須菩提，於意云何。若有醫人將護病者，不與辛酸苦澀等藥，而彼醫人於彼病者，為與其差為與死耶？

須菩提言：是與死苦，非施安樂。

文殊師利言：其說法者亦復如是，若將護於他，恐生驚怖，隱覆如是甚深之義，但以雜句綺飾文辭，而為演說，則授眾生老病死苦，不與無病安樂涅槃。

說此法時，五百比丘，不受諸法漏盡意解，八千天人遠塵離垢，於諸法中得法眼淨，七百天子，發阿耨多羅三藐三菩提心，作是願言：我等於未來世，當如文殊師利得是辯才。

【釋義】　須菩提認為文殊所說法義甚深，非初學所能理解，因此說他不將護初學心。文殊以藥與病為例，若欲治病，醫者須予以「辛酸鹹苦應病之藥」令病得除，是故法師不應隱秘甚深法。這樣說，即是欲令初學亦能知不二法門。

文殊說法的功德，令學人諸漏永盡、遠離塵垢、深生信樂，即讚歎不二法門為一切功德，非有餘不盡的功德。[1]

---

[1] 關於功德，請參考拙《勝鬘經密意》，收本叢書系列。

## 【不思議佛境界經】

爾時，須菩提復白文殊師利菩薩言：大士，汝頗亦於聲聞乘而生信解，又以此乘法度眾生不？

文殊師利菩薩言：大德，我於一切乘皆生信解。大德，我信解聲聞乘、亦信解辟支佛乘、亦信解三藐三佛陀乘。

須菩提言：大士，汝為是聲聞、為是辟支佛、為是三藐三佛陀耶？

文殊師利菩薩言：大德，我雖是聲聞，然不從他聞；雖是辟支佛，而不捨大悲及無所畏；雖已成正等覺，而於一切所應作事未嘗休息。

須菩提又問言：大士，汝云何是聲聞？

答曰：我恆為一切眾生說未聞法，是故我為聲聞。

又問言：汝云何是辟支佛？

答曰：我能了知一切諸法皆從緣起，是故我為辟支佛。

又問言：汝云何是三藐三佛陀？

答曰：我常恆覺一切諸法體相平等，是故我為三藐三佛陀。

## 【善德天子會】

爾時，長老須菩提語文殊師利言：汝豈不以聲聞乘法為聲聞說耶？

曰：一切乘法是我所乘。

須菩提言：汝為是聲聞、為辟支佛、為應正等覺耶？

曰：我為聲聞，不因他聲而生解故；我為辟支佛，不捨大悲無所畏故；我為應正等覺不捨本願故。

須菩提言：汝云何作聲聞？

曰：彼諸眾生未曾聞法，令得聞故我為聲聞。

又問：汝云何為辟支佛？

曰：眾生法界令信令覺，是故說我為辟支佛。

又問：汝云何為應正等覺？

曰：一切諸法法界平等如是了知，是故我為應正等覺。

【釋義】　此處以《善德》所譯為優，《佛境界》文字雖多，於義反有欠缺。

依《善德》，須菩提問文殊：「汝豈不以聲聞法為聲聞說耶？」依此問，即問文殊，是不是應該用聲聞法來教授聲聞。這問題是承接上文而問，因為在上文中，文殊提到可以用隱秘甚深法來教導初學，須菩提因此便提到應機說法。若依《佛境界》，須菩提問文殊是否信解聲聞乘，所問即與上文無關。

文殊答須菩提，自己所說的法是一切乘法，此即由三乘歸於一乘而答，如是始為不二法門的究竟見。

須菩提依然以二乘及一佛乘作問，那便是小乘行人普遍的觀點，認為二乘是釋迦所說，因此不必歸入一佛乘。於是文殊即由一乘見地作答：令諸眾生得聞未曾聞法，是為聲聞；令眾生於法界得信得覺，是為緣覺（辟支佛）；令眾生對一切諸法法界如是了知平等，是為應正等覺（佛乘）。

由文殊所答，即知釋迦建立法異門的理趣，此如建立聲聞乘，並不限於釋迦所說的聲聞法，凡得聞所未聞法皆是聲聞，如是始為究竟；又如建立緣覺乘，亦不限於十二緣起法，須由緣起覺知法界。因為法界不成顯現，由緣起才能知道一切世間實依法界而成立。因此建立二乘並非可以代替一佛乘，應以二乘為方便，以一佛乘為究竟。

## 【不思議佛境界經】

爾時須菩提又問言：大士，汝決定住於何地，為住聲聞地、為住辟支佛地、為住佛地耶？

文殊師利菩薩言：大德，汝應知我決定住於一切諸地。

須菩提言：大士，汝可亦決定住凡夫地耶？

答曰：如是，何以故，一切諸法及以眾生，其性即是決定正位，我常住此正位，是故我言決定住於凡夫地也。

須菩提又問言：若一切法及以眾生，即是決定正位者，云何建立諸地差別，而言此是凡夫地、此是聲聞地、此是辟支佛地、此是佛地耶？

文殊師利菩薩言：大德，譬如世間以言說故，於虛空中建立十方，所謂此是東方、此是南方，乃至此是上方、此是下方。雖虛空無差別，而諸方有如是如是種種差別。此亦如是，如來於一切決定正位中，以善方便立於諸地，所謂此是凡夫地、此是聲聞地、此是辟支佛地、此是菩薩地、此是佛地，雖正位無差別，而諸地有別耳。

# 【善德天子會】

須菩提言：文殊師利，汝決定為住何地？

曰：住一切地。

須菩提言：汝豈亦住凡夫地耶？

文殊師利言：我亦決定住凡夫地。

須菩提言：汝何密意作是說乎？

曰：一切諸法自性平等，故說如是。

須菩提言：若一切法皆悉平等，當於何所建立諸法。此聲聞地、辟支佛地、菩薩、佛地耶？

文殊師利言：譬如十方虛空界中，說言此是東方虛空、南、西、北方、四維上下，亦如是說。如是言說種種差別，非於虛空而有異也。是故仁者，依一切法畢竟空中，建立種種諸地之相，亦非空性而有差別。

**【釋義】** 須菩提再問一佛乘。若依一佛乘法，行者決定住於何地？這樣問，並非懷疑一佛乘法，只是藉提問來作澄清，所以文殊答言：住一切諸地。

那麼，是否應該住凡夫地呢？

文殊居然答言「如是」，即是凡夫地亦可作為決定住處。因為一切諸地都是「正位」。所謂正位，若依如來藏見，智識雙運界即為正位，亦可以說，如來法身與如來法身功德雙運是為正位。

《善德》於下文則說此正位為「正性離生」。所謂「正性」，即以本性為自性，自性的正性便是本性，於知本性自性時，便可悟入無生，所以說是正性離生。這亦正是如來藏智識雙運的境界，一切識境的自性，其本性即是智境性，識境任運圓成，所以無生。《佛境界》譯失這個意思，便不能由本段經文關聯及下段經文。

又，此處若依《善德》，須菩提問及文殊：依何密意而說住凡夫地。《佛境界》則無此句，故以《善德》為長。文殊答密意之問，說密意為「一切諸法自性平等」。《佛境界》缺此句，即不能顯示不二法門義理。

須菩提由是問及，於一切諸法自性平等中，如何建立諸法；如何建立聲聞地、辟支佛地、菩薩地、佛地等差別。對於此問，文殊即以言說作答，一切言說皆依假施設，如東南西北上下諸方為假施設，是故聲聞等地亦為假施設，依施設則

各有差別，由是依言說亦各有差別，若依密意，則可說為平等無差別。

須菩提與文殊的問答，至此已說出不思議諸佛境界的密意，亦即不二法門的密意。

## 【不思議佛境界經】

爾時，須菩提，復白文殊師利菩薩言：大士，汝已入正位耶？

文殊師利菩薩言：大德，我雖已入，亦復非入。

須菩提言：大士，云何已入而非入乎？

文殊師利菩薩言：大德應知，此是菩薩智慧善巧。我今為汝說一譬喻，諸有智人以譬喻得解。

大德，如有射師其藝超絕，惟有一子特鍾心愛，其人復有極重怨讎，耳不欲聞眼不欲覩，或時其子出外遊行，在於遠處路側而立，父遙見之，謂是其怨，執弓持箭控弦而射，箭既發已方知是子，其人巧捷疾走追箭，箭未至間還復收得。

言射師者喻菩薩也、一子者喻眾生也、怨家者喻煩惱也、言箭者，此則喻於聖智慧也。大德當知，菩薩摩訶薩，以般若波羅蜜觀一切法，無生正位大悲善巧故，故不於實際作證，而住聲聞辟支佛地，誓將化度一切眾生至佛地矣。

## 【善德天子會】

須菩提言：文殊師利，汝已證入正性離生耶？

曰：我已證入，而亦復出。

須菩提言：云何證入而復還出？

文殊師利言：仁者當知，此是菩薩智慧方便。於正性離生，如實證入，方便而出。

須菩提，譬如有人善於射術，有一怨敵念欲害之，射師有子憐愛甚重，時彼愛子在曠野中，其父謬謂是所怨讎，放箭射之，子便大喚言，我無咎何為見害，時彼射師，有速疾力，急往子所，却取其箭。

菩薩亦復如是，為調伏聲聞、辟支佛，故入正位還於彼出，不墮聲聞、辟支佛地，以是義故名為佛地。

【釋義】　須菩提問文殊是否已入正位（依《善德》則問是否已入正性離生）。文殊答言：「我雖已入，亦復非入。」須菩提更問其究竟，文殊則答：「此是菩薩智慧方便。於正性離生，如實證入，方便而出。」（《佛境界》則僅答為「智慧方便」）這一答很重要。所謂「如實證入」，即證入不二、證入如來藏、證入智識雙運境，然而於住世間時，則仍須不離識境的名言句義來生活、來處事，也可以說，必須依識境的名言施設才能在識境世間存在，這便是「方便而出」。這便是勝義、世俗菩提心雙運。所以我們可以這樣來理解不二法門：佛已現證如來法身（當然亦同時現證如來法身功德），由於後得智生起，是故實已現證名言世間的真實。這現證的境界，不能將如來法身與隨緣自顯現的識境異離，這便只能稱之為平等，由平等故，建立不二。

下來釋迦所說的箭師喻，即是引申這個道理。

箭師欲射怨敵，然而卻實是射向其獨子，欲明白這個喻，必須了知，所謂怨敵、所謂獨子，二者並非實是二人，只是一個對象。當箭師心生愛意時，所愛對象便即是其獨子；當箭師心生瞋意時，所瞋對象便即是其怨敵，所以箭師並非看錯對象而射，只是對象依其心意而變。發箭時生瞋意，箭飛馳時則生愛意，於時便說射錯。

菩薩欲以智慧除煩惱，然而滅除煩惱實在是害眾

生，這便是箭師喻之所喻。

一切識境世間必須依名言句義而施設，若離名言句義，則識境世間敗壞，此如無有言說來溝通、無有理法來管治、無有概念來興造生活之所須、無有賞罰、無有倫理，如是等等，人根本便不能在這樣的世間生活。可是從另一方面來說，明言句義卻恰恰是眾生的煩惱根源，所以出離世間即須出離名言與句義。在這樣的情形下，若菩薩欲以智慧除煩惱，便實在是害眾生，有如箭師欲以智慧箭射怨敵，可是實在是射其獨子。

由這個喻便可以說煩惱無咎，一如《善德》中所說「子便大喚言，我無咎何為見害」，必須知煩惱無咎，才能依前面所說「正性離生」義而知「如實證入，方便而出」。箭師飛馳取回射出之箭，正是「方便而出」之所為。

## 【不思議佛境界經】

爾時,須菩提又問文殊師利菩薩言:大士,何等菩薩能行此行?

文殊師利菩薩言:大德,若菩薩示行於世而不為世法所染;現同世間不於諸法起見;雖為斷一切眾生煩惱勤行精進而入於法界,不見盡相;雖不住有為亦不得無為;雖處生死如遊園觀;本願未滿故,不求速證無上涅槃;雖深知無我而恆化眾生;雖觀諸法自性,猶如虛空,而勤修功德淨佛國土;雖入於法界見法平等,而為莊嚴佛身口意業故,不捨精進。若諸菩薩,具如是行乃能行耳。

# 【善德天子會】

　　須菩提言：云何菩薩而得此地？

　　文殊師利言：若諸菩薩住一切地而無所住，為得此地；若一切地悉能演說，而不住於下劣之地，為得此地；若有修行，為盡一切眾生煩惱，而法界無盡；雖住無為而行有為；於生死中如園觀想，不求涅槃，為得此地；所有志願悉令圓滿；得無我忍成熟眾生，為得此地；得佛智慧而不於彼無智人所生瞋恨心，為得此地；為求法者轉於法輪，而於法界亦無差別。如是修行為得此地。復次若諸菩薩，摧伏魔怨而現作四魔，為得此地。

【釋義】 這樣，便引起一個問題。菩薩如何能離煩惱而不害眾生，這即是如何能證入勝義而不壞世俗。文殊即以「菩薩示行於世而不為世法所染」等作答。

文殊所說菩薩行共說九種 ——

1 示行於世而不為世法所染，即是雖住世間而不住世間的名言句義。

2 現同世間不於諸法起見，即是於世間如實生活，而不依名言句義來見世間諸法。

3 雖為斷一切眾生煩惱勤行精進而入於法界，不見盡相，即是得入法界而令煩惱盡，但同時能見法界無盡。

4 雖不住有為亦不得無為，即是不以無為為所得，不落無為邊際，由是知佛內自證智境與凡夫心識境界平等。

5 雖處生死如遊園觀，即是不畏涅槃，不厭離識境。

6 本願未滿故，不求速證無上涅槃，即是永不捨大悲事業，為世間作利益。

7 雖深知無我而恆化眾生，即是不壞眾生而行化度。

8 雖觀諸法自性，猶如虛空，而勤修功德淨佛國土，即是施設法界莊嚴而成智識雙運。虛空喻如來法身，佛國土喻如來色身。

9　雖入於法界見法平等，而為莊嚴佛身口意業
　　故，不捨精進，即是不因一切諸法平等，而不
　　尊重法界莊嚴。

## 【不思議佛境界經】

爾時，須菩提復白文殊師利菩薩言：大士，汝今説此菩薩所行，非諸世間所能信受。

文殊師利菩薩言：大德，我今為欲令諸眾生永出世間，説諸菩薩了達世法出離之行。

須菩提言：大士，何者是世法，云何名出離？

文殊師利菩薩言：大德，世間法者所謂五蘊，其五者何，謂色蘊、受蘊、想蘊、行蘊、識蘊，如是諸蘊。色如聚沫、受如浮泡、想如陽焰、行如芭蕉、識如幻化，是故此中無有世間，亦無諸蘊及以如是言説名字。若得是解，心則不散，心若不散則不染世法，若不染世法即是出離世間法也。

復次大德，五蘊諸法，其性本空，性空則無二，無二則無我我所，無我我所則無所取著，無所取著者即是出離世間法也。

復次大德，五蘊法者，以因緣有，因緣有故則無有力、無力則無主、無主則無我我所、無我我所則無受取、無受取則無執競、無執競則無諍論、無諍論者是沙門法。沙門法者知一切法如空中響，若能了知一切諸法如空中響，即是出離世間法也。

復次大德，此五蘊法同於法界，法界者則是非界，非界中，無眼界無色界無眼識界、無耳界無聲界無耳識界、無鼻界無香界無鼻識界、無舌界無味界無舌識界、無身界無觸界無身

## 【善德天子會】

須菩提言：文殊師利，此菩薩行一切世間甚為難信。

文殊師利言：如是如是，如汝所說，是諸菩薩行於世間超過世法。

須菩提言：文殊師利，當為說此超過世間。

文殊師利言：夫世間者名為五蘊，於此蘊中，色聚沫性、受水泡性、想陽焰性、行芭蕉性、識幻性。如是當知世間本性，聚沫陽焰、泡幻芭蕉，是中無蘊無蘊名字、無眾生無眾生名字、無世間超過世間。若於五蘊如是正知名為勝解，若正勝解則本來解脫，若本來解脫則不著世法，若不著世法則超過世間。

復次須菩提，五蘊本性空，若本性空則無我、我所，若無我、我所是則無二，若本無二則無取捨，無取捨故則無所著，無所著故則超過世間。

復次須菩提，是五蘊者屬於因緣，若屬因緣，則不屬我不屬眾生，若不屬我不屬眾生是則無主，無主則無取，無取則無諍，無諍論者是沙門法。如手畫空無有觸礙，修行如是空平等性超過世間。

復次須菩提，五蘊法界同入法界，是則無界，若是無界則無地界水火風界、無我無眾生無壽命、無欲界及色無色界、無有為無為生死涅槃界，入是界已則與世間俱而無所住，若無所住則超過世間。

## 【不思議佛境界經】（續上段）

識界、無意界無法界無意識界，此中亦無地界水界火界風界虛空界識界、亦無欲界色界無色界、亦無有為界無為界、我人眾生壽者等，如是一切皆無所有，定不可得。若能入是平等深義，與無所入而共相應，即是出離世間法也。

　　說是法時，會中比丘二百人永盡諸漏，心得解脫。各各脫身所著上衣，以奉文殊師利菩薩而作是言：若有眾生得聞於此甚深妙法，應生信受。若不生信欲，求證悟終不可得。

## 【善德天子會】（續上段）

說此超過世間法時，二百比丘，不受諸法漏盡意解，各各脫欝多羅僧衣，以覆文殊師利，作如是言：若不於此法門生信解者，彼無所得亦無所證。

【釋義】　雖住世間而不落世間的名言句義，此不為世人所
能理解，所以須菩提便問：「何者是世法，云何
名出離？」文殊即依不二法門說如何出離世間
（不是壞滅世間）。

首先，眾生執五蘊為自我，所以文殊說無有五
蘊，由是說五蘊性空，所以眾生執取五蘊，實亦
無所執取，是即由無我、無我所而入不二，如是
即成出離。

其次，以五蘊為例，說因緣法。一切諸法都由因
緣而成為有，所以只屬因緣（《善德》：「不屬
我不屬眾生」）。由是眾生所取的因緣有，於超
越因緣時，便知實無所取，無所取則無執競，無
執競則無諍論。這即是說，眾生實依名言句義來
取因緣成立的有，於名言盡時，即成無諍，如是
即是出離。出離一切諍論，亦即名言句義盡。

接著，說五蘊法同於法界，然而，法界實在不是
識境概念中的界。識境的界有限量，落句義，此
如我們的世界，便是依我們的概念而建立的有限
世間，所以可以決定法界非界。由此引申，眼耳
鼻舌身意等界、色聲香味觸法等界、地水火風空
識等界、以至欲界、色界、無色界，及有為界、
無為界，如是種種，依名言施設可以成界，依因
緣可於識境成界，但他們實依法界而成立，若法
界非界，則這些界實於識境中實亦非界，眾生只
是由名言句義，由因緣有，如是視之為界，由是
即有「執競」，即有諍論，更由諍論而成立種種

有法，若知非界（若知識境成立的因緣有，實無所有），即便出離。

以上所說，即分三個層次來說出離世間，這樣便不是滅除世間，只是超越世法，由超越而令世間名言句義盡。如是便不是用箭師的箭來射怨敵，便不是敗壞眾生。

這是不二法門的出離世間，要義在於：不是滅除名言句義，而是由超越因緣法來令名言句義盡。亦即由超越而盡，非由滅除而盡，此即諸佛密意。

## 【不思議佛境界經】

爾時,長老須菩提語諸比丘言,汝何所得以何為證?

諸比丘言:大德,無得無證是沙門法。所以者何,若有所得心則動亂、若有所證則自矜負,動亂矜負墮於魔業。若有自言我得我證,當知則是增上慢人。

佛言:諸比丘,汝等審知增上慢義不?

諸比丘答言:世尊,如我意者,若有人言我能知苦,是不知苦相而言我知;我能斷集、證滅、修道,是不知集、滅、道相;乃至而言我能修道,應知此是增上慢人。所以者何。苦相者即無生相,集、滅、道相,即無生相,無生相者即是非相。平等相是諸聖人於一切法得解脫相,是中無有知苦、斷集、證滅、修道。如是等相而可得者,若有眾生,得聞如是一切諸法平等之義而生驚怖,應知是為增上慢者。

爾時,世尊即告之言:善哉善哉,諸比丘,如汝所說,如是如是。須菩提,汝等當知此諸比丘,已於過去迦葉佛所,從文殊師利童子,得聞如是甚深之法,以聞法故疾得神通,今復得聞,隨順不逆。須菩提,若復有人,於我法中得聞斯義生信解者,皆於來世見彌勒佛。若未發大乘意,於三會中悉得解脫;若已發大乘意者,皆得住於堪忍之地。

## 【善德天子會】

爾時，須菩提告彼諸比丘言，長老汝等少有所得有所證耶？

諸比丘言：若增上慢者，則可說言有得有證，無增上慢沙門法者，無得無證，彼於何處生此動念，而自謂言，我如是得我如是證，若於其中有動念者則是魔業。

須菩提言：長老如汝所解，何得何證作是說乎？

諸比丘言：唯佛世尊及文殊師利，知我所得，知我所證大德，如我所解，若不了知苦相，作是說言苦我應知，為增上慢；如是集應斷、滅應證、道應修，為增上慢；彼不了知苦集滅道相故，作是說言，乃至道我已修，為增上慢。云何苦相，謂無生相，如是集滅道相，若無生相，即是無相無所得，於其中無有少苦可知、集可斷、滅可證、道可修，若於此說聖諦義中，不驚、不怖、不畏者，非增上慢，若生驚怖為增上慢。

爾時，世尊讚彼諸比丘言：善哉善哉。

告須菩提：此等比丘於迦葉佛法中曾聞文殊師利演說如是甚深之法，此等比丘往昔修行是深法故，今聞隨順速能了知，如是次第於我法中，聞是深法生信解者，一切當於彌勒法中得入眾數。

**【釋義】** 現證如來法身非有所得，非有所證，因為所現證的只是一個本然的境界，亦即法爾，有時亦名為俱生。若謂有所得，便一定是新得，本來無有，因得而成有；若謂有所證，便即是有所得，若無所得便無所證。

須菩提因諸長老說言：若不知文殊所說法，求證悟終不可得。是故即問諸長老：既知文殊所說法，是則現前有何所得、有何所證。諸長老因已了知文殊所說，故即可依不二法門作答。

依不二法門，苦、集、滅、道都是「無生相」。所謂無生即非真實生起，既非真實生起，是則無真實之苦可知、無真實之集可斷、無真實之滅可證、無真實之道可修。若謂得知苦、得斷集、得證滅、得修道，那便是依識境對苦、集、滅、道作增上，增上之為真實，所以便成增上慢。

釋迦於是對諸長老讚歎，並說他們曾在迦葉佛處聞文殊童子說此深法。並且授記說，現在得聞此法，將來必能見彌勒佛。已發心入佛乘者，當得無生法忍、未發心入佛乘者，未來於三會中當得解脫。

所謂三會，指彌勒三會，彌勒為度化釋迦所未度化之眾生，故說三大法會。依佛經，此當在釋迦滅度後五十六億七千萬年。

## 【不思議佛境界經】

爾時，善勝天子白文殊師利菩薩言：大士，汝常於此閻浮提中為眾說法，今兜率天上有諸天子，曾於過去值無量佛，供養恭敬種諸善根，然生在天中耽著境界，不能來此法會而有聽受，昔種善根今將退失，若蒙誘誨必更增長。惟願大士，暫往天宮，為彼諸天弘宣法要。

爾時，文殊師利菩薩，以神通力即於其處，忽然化作兜率天宮，如其所有悉皆備足，令善勝天子及此會中一切人天，皆謂在於彼天之上，具見於彼種種嚴飾，園林池沼、果樹行列、殿堂樓閣、棟宇交臨、繡柱承梁、彫窗間戶、攢櫨疊栱、磊砢分布、稱寶為臺、莊嚴綺錯。其臺極小猶有七層，或八層九層，乃至高于二十層者，一一臺上處處層級，皆有眾天女，盛年好色、手足柔軟，額廣眉長、面目清淨，如金羅網常有光明，亦如蓮華離諸塵垢，發言含笑，進止迴旋，動必合儀，麗而有則，譬如滿月人所樂見。笙篌琴瑟，簫笛鐘鼓，或歌或嘯，音節相和，妙妓成行，分庭共舞，如是等事宛然備矚。

時善勝天子，見自宮殿及其眷屬歡娛事已，心生疑怪，白文殊師利菩薩言：奇哉大士，云何令我及以大眾瞬息之間而來至此？

爾時，長老須菩提語善勝天子言：天子，我初亦謂與諸大眾皆共至於兜率陀天，而今乃知本來不動，曾不共往彼天之上，如是所見，皆是文殊師利菩薩三昧神通之所現耳。

時善勝天子即白佛言：世尊，文殊師利菩薩甚為希有，乃能以三昧神通不思議力，令此眾會不動本處而言至此兜率陀天。

## 【善德天子會】

爾時，善德天子白文殊師利言：仁者於此閻浮提中數數說法，我等願請仁者往兜率陀天，彼諸天子亦有久殖廣大善根，彼若聞法則應解了，以著樂故，不能來至佛所聽法，而自損減。

爾時，文殊師利即現神變，令善德天子及一切眾會，皆悉自謂入兜率陀天宮，見彼園林、宮殿樓觀、欄楯窗牖、間錯莊嚴，其諸寶臺，層級高廣至二十重，眾寶網幔天花遍布，異類眾鳥翔集和鳴，於虛空中有諸天女散曼陀羅花，歌詠讚歎遊戲快樂。

善德天子見是事已，白文殊師利言：希有文殊，云何我等如是速疾已到兜率陀天宮見此園林及諸天眾，文殊師利願為說法？

爾時，長老須菩提告善德言：天子，汝不離會中而往餘處，是文殊師利神通變化，令汝自見入兜率天宮。

爾時，善德天子白佛言：希有世尊，文殊師利遊戲三昧神通變化，於一剎那中示現此會悉入兜率天宮。

佛言：天子，汝於文殊師利神通變化，豈是見耶。如我所知，文殊師利，若欲以恆河沙等諸佛剎土功德莊嚴集一佛國，悉皆能現；或以指端舉恆河沙諸佛剎土，過於上方如恆河沙諸佛土已置於虛空；又諸佛剎所有四大海水入一毛孔，水性眾生亦不迫迮，而皆自見不離海中；所有世界諸須彌山王，皆悉置於芥子之內，依須彌住諸天子等，而皆自謂在其本宮；又諸佛剎所有五道眾生悉皆安置於其掌中，眾妙資具，猶如一切樂莊嚴國，咸令得見；又諸世界所有火聚，悉皆安置一兜羅

## 【不思議佛境界經】（續上段）

佛言：天子，汝但知文殊師利童子神通變化少分之力，我之所知無有量也。天子，以文殊師利神通之力，假使如恆河沙等諸佛國土，種種嚴好各各不同，能於一佛土中普令明見；又以如恆河沙等諸佛國土，集在一處狀如縉束，舉擲上方不以為難；又以如恆河沙等諸佛國土，所有大海置一毛孔，而令其中眾生不覺不知，無所觸嬈；又以如恆河沙等諸佛國土所有須彌山王，以彼眾山內於一山，復以此山內於芥子，而令住彼山上一切諸天，不覺不知亦無所嬈；又以如恆河沙等諸佛國土，其中所有五道眾生置右掌中，復取是諸國土一切樂具，一一眾生盡以與之等無差別；又以如恆河沙等諸佛國土，劫盡燒時，所有大火集在一處，令其大小如一燈炷，所有火事如本無別；又如恆河沙等諸佛國土，所有日月若於一毛孔，舒光映之，普令其明隱蔽不現。天子，我於一劫若一劫餘，說文殊師利童子三昧神通變化之力，不可窮盡。

## 【善德天子會】（續上段）

中；復次諸佛世界所有日月，於一毛孔悉能覆蔽，隨應所作咸皆作之。

【釋義】　此處依不二法門義理，說文殊三昧神通自在。

勝德天子（即善德天子）請文殊為天人說法，文殊即現前變現為兜率陀天（Tuṣita），是故會中大眾，其身不動，即剎那如到兜率陀天。

勝德天子向佛讚歎文殊之神通，釋迦於是更說文殊神通不可思議，其所說，即依超越識境的相對來說，此如無有大小，無有一多等。所以，於一佛土中能現恆河沙數佛土；將恆河沙數佛土集成一束，有如束絲，可向上舉擲；將恆河沙數佛土及諸大海，入一毛孔，佛土中眾生毫不覺知……如是等等。

這種說法，又稱為「芥子須彌」。即是將須彌山納於芥子孔中，須彌山不見變小，芥子亦不見變大；將一芥子納入須彌山中，無處不見芥子，而芥子須彌如本無別。這「芥子須彌」可以說是神通變化，但其實是深刻的寓意，即是說，若離識境的名言句義來看識境，則無識境中的一切相依與相對，所以即使是一粒芥子，亦可以說是「其大無外，其小無內」。由此義理，即可破世間對名言句義的執著。前面的經文已說離世間相，所以這裡便可以由離世間而理解「芥子須彌」。

## 【不思議佛境界經】

爾時,魔波旬自變其身作比丘形,在於會中却坐一面,白佛言:世尊,我今聞說文殊師利童子神通之力,不能信受,唯願世尊,令於我前現其神力,使我得見。

爾時,世尊知是惡魔變為比丘,欲令眾生善根增長,故告文殊師利菩薩言:汝應自現神通之力,令此會中無量眾生咸得善利。

爾時,文殊師利菩薩受佛教已,即時入一切法心自在神通三昧。入此三昧已起神通力,現於如上所說神變之事,顯然明著皆悉現前,如佛所言不增不減,預斯會者靡不咸見。是時大眾覩此神力,歎未曾有,同聲唱言:善哉善哉,諸佛如來,為眾生故出現世間,復有如是善權大士,同出於世,而能現此不可思議威神之力。

爾時,惡魔見此種種神變事已,歡喜踊躍禮文殊師利菩薩足,合掌恭敬而向如來,作如是言:文殊師利童子甚為希有,乃能現是不可思議神通變化,諸有聞者孰不驚疑。若有眾生得聞此事,能生信受。假使惡魔如恆河沙,欲為惱害終不能也。

世尊,我是惡魔,常於佛所伺求其便,心嘗惱害一切眾生,若見有人精勤習善,必以威力為其障礙。世尊,我從今日深發誓心,但此法門弘宣之處,所在國土城邑聚落,百由旬內我在其中,譬如盲者無有所作,不於眾生而生侵惱。若見有受持、讀誦、思惟、解釋是經者,必生尊重供給供養,世尊我之儔黨,樂於佛法而生留難,若見有人修行於善,要加逼沮令其退失,我今為斷如是惡事,說陀羅尼,即說呪曰 ——

## 【善德天子會】

爾時，惡魔化作比丘白佛言：世尊，我等欲見文殊師利，現前作此神通變化，何用如此虛誕之言，一切世間所不能信。

爾時，世尊告文殊師利言：汝當於此眾會示現神變。

爾時，文殊師利，不起于座，入心自在一切法莊嚴三昧，于時如佛所說，神通變化皆悉示現，魔與眾會及善德天子一切皆見。爾時，大眾見此神變歎未曾有，作如是言：善哉善哉，由佛出現有此正士，於世間中開是法門現諸神變。

爾時，惡魔以文殊師利威神力故，作如是言：希有世尊，文殊師利有此神通，今此眾會亦為希有，於文殊師利神通變化而得信解。

世尊，設有如恆河沙等諸魔，不能於此信解，善男子善女人，而作留難，我亦惡魔波旬，恆求佛便惱亂眾生，我從今往自立誓願，若於此法門流行之處，有生信解愛樂受持讀誦演說，於四面百由旬外，不於中過。世尊，然我眷屬，有欲斷滅如來法故，令修行者其心散亂，我為降伏說陀羅尼，若善男子善女人，於此法門書寫讀誦為人演說，諸天魔眾當得善利，令說法者，身心悅豫精勤修習，與無礙辯才，及陀羅尼，承事供給，衣服飲食臥具湯藥，令無所乏，即說呪曰——

怛姪他（1） 阿末麗（2） 毘末麗（3） 替哆低（4） 阿糗惲（5） 是多設堵嚕（6） 誓曳杜野筏低（7） 部多筏哨 低伽米麗（8） 哨低（9） 蘇普低（10） 普普細（11） 地唎蘇溪（12） 憍提（13） 可詣（14） 米洗禮（15） 央矩麗跋麗（16） 呼盧忽嚛（17） 索醯

**【不思議佛境界經】（續上段）**

怛姪他阿麼黎（１） 毘麼黎（２） 恥（音天以反）哆答鞞
（３） 阿羯波儞是多設咄略（４） 誓曳（５） 誓耶末底
（６） 輸（去聲）婆末底（７） 睒迷（去聲下兩字同）扇底
（８） 阿普迷（９） 普普迷（１０） 地㘑（１１） 阿契
（１２） 莫契（１３） 佉契（１４） 弭履羅（１５） 阿伽（去
聲）迷（１６） 普羅（１７） 普羅普羅（１８） 輸（上聲下同）
迷輸輸迷（１９） 地㘑地㘑（２０） 阿那跋底（２１） 恥哆答
鞞（２２） 訖里多遏梯（２３） 訖里多毘（入聲）提（２４）
毘盧折（音之熱反）擔（音丁合反25） 薩達摩婆拏（上聲）拘
（２６） 曷寫蘇怛羅寫陀路迦（２７） 阿（入聲）跋羅自多伊
婆蘇履耶（２８）

Tadyathā / amale / bimale / sthitātve / akalpe nirjitaśatru / jaye jayabati
/ bhūtamatigamṛśanti / subhuti aphume / bubusi busume / dhīre sukhe /
age makhe bodhikṣaya / khakhe yimisile / agame phulela / phula phule
/ sukhe / śuśrumidhidhīre / anabanti / titiṣṭhaṇi / kritārate / kritabidya /
birocatubidhi / mantrapadenaśloka / saṅdharmabānakesya / sūtrasya
yāraku / abhramukhita iba suryā svāhā // [2]

　　世尊，此陀羅尼擁護法師，能令其人勇猛精進辯才無
斷，一切惡魔無能得便，更令其魔心生歡喜，以衣服臥具飲食
湯藥，諸有所須而為供養。世尊，若有善男子善女人，受持此
呪日夜不絕，則為一切天、龍、乾闥婆、阿修羅、迦樓羅、緊
那羅、摩睺羅伽、人非人等常所守護，一切怨憎不能為害。

**【不思議佛境界經】（續上段）**

---

[2]　依林光明編修《新編大藏全咒》（台北：嘉豐，2001）。

## 【善德天子會】（續上段）

（18） 輸戍米提地唎（19） 阿那筏低底底使咤泥（20） 吃唎多唎低（21） 吃利多費低（22） 肥盧遮都費低漫怛囉悖馳那馳略迦（23） 阿（去聲）跋羅目多瞱嚩蘇唎耶（24）

Tadyathā / amale / bimale / sthitātve / akalpe nirjitaśatru / jaye jayabati / bhūtamatigamṛśanti / subhuti aphume / bubusi busume / dhīre sukhe / age makhe bodhikṣaya / khakhe yimisile / agame phulela / phula phule / sukhe / śuśrumidhidhīre / anabanti / titiṣṭhaṇi / kritārate / kritabidya / birocatubidhi / mantrapadenaśloka / saṅdharmabānakesya / sūtrasya yāraku / abhramukhita iba suryā svāhā //[3]

　　世尊，若善男子善女人，專精受持此陀羅尼心不散亂，常為諸天、龍神、夜叉、乾闥婆、阿修羅、迦樓羅、緊那羅、摩睺羅伽等之所守護，一切惡鬼無能得便。彼魔波旬說此呪時，三千大千世界六種震動。

　　爾時，世尊告魔波旬：善哉善哉，汝之辯才，當知是文殊師利神通境界，於是文殊師利現神通力，及魔波旬說呪之時，三萬二千天人，發阿耨多羅三藐三菩提心。

---

3　同上。

　　佛語魔言：善哉善哉，汝今說此陀羅尼，令恆河沙等無量世界六種震動。魔王當知，汝此辯才，皆是文殊師利童子神力所作。

　　文殊師利菩薩以神通力，令魔波旬說此呪時，眾中三萬人，皆發阿耨多羅三藐三菩提心。

【釋義】　說不二法門，會令人懷疑如何能降四魔，所以這裡便用降服魔王波旬來作解說。魔王波旬挑戰佛說文殊神通事，請文殊將佛說的神通一一開演。釋迦為令眾生得善利，於是吩咐文殊應波旬所請，文殊隨即開演神通，波旬驚怖讚歎，即向釋迦發願，護持文殊所說法門，並說密咒，令諸魔不得對修行此法門的學人侵擾。

　　魔王波旬所說密咒，所附梵文對音，與《善德》相近，與《佛境界》比較則頗有差異。由密咒的差異可以推想，菩提流志之二譯實據不同梵本。

　　經文至此，一大段落結束。

## 【不思議佛境界經】

爾時，文殊師利菩薩作是變已，攝其神力，即告善勝天子言：天子，我今欲詣兜率陀天，汝可先往，令其眾集。

時善勝天子聞是語已，與其眷屬，右遶於佛及文殊師利等菩薩大眾。於會中沒，須臾之間到彼天宮。至天宮已，普告眾言：汝等當知文殊師利菩薩摩訶薩，愍我等故，欲來至此，汝等諸天皆應捨離放逸諸樂而共來集，為聽法故。

時善勝天子作是語已，於天宮中建立道場。其場廣博清淨嚴好，以天如意眾寶所成。東西三萬二千由旬，南北一萬六千由旬。又於其中置無量百千師子之座，其座高廣種種莊嚴，以天寶衣而覆其上。

時善勝天子嚴辦道場及師子座已，曲躬合掌，遙向文殊師利菩薩而作是言：我至天宮所為事畢，唯仁降止，今正是時。

爾時，文殊師利菩薩與諸菩薩，一萬二千人，大聲聞一千五百人，及餘無量百千天龍夜叉乾闥婆等，從坐而起頂禮佛足，右遶三匝，於如來前沒而不現，須臾之頃至兜率陀天，詣道場中，如其敷擬各坐其座。

爾時，四天王天、三十三天、夜摩天、化樂天、他化自在天，及色界中諸梵天眾，遞相傳告而作是言：今文殊師利菩薩，在兜率陀天，欲說大法，我等應共往詣其所，為欲聽聞所未聞法，及見種種希有事故。作是語已，欲色界中無量阿僧祇諸天子眾，於須臾頃，各從所住而來共集兜率天宮。以文殊師利菩薩威神之力，其道場中悉皆容受而無迫隘。

## 【善德天子會】

時文殊師利還攝神力，令此眾會皆悉自見如本而住。爾時，文殊師利告善德天子言：善男子，汝往兜率陀天遍告天眾，我當來彼。

時善德天子聞是語已，禮世尊足，并諸菩薩大德聲聞，與其眷屬恭敬圍遶，於眾會前忽然不現。須臾已至兜率陀天。爾時，善德遍告諸天子言：汝等應知文殊師利憐愍汝故欲來至此，汝等應當捨諸欲樂，遠離憍慢，恭敬尊重隨順聽法。

爾時，善德天子，如所應辦莊嚴道場，即便合掌作如是言：文殊師利，今正是時。

於是文殊師利與一萬菩薩五百聲聞及天、龍、夜叉、乾闥婆等，前後圍遶，禮佛足已，於會中沒，現兜率陀天，與諸菩薩聲聞大眾，於彼道場隨敷而坐。

時諸大眾悉聞四天王宮、三十三天、夜摩、兜率及以化樂、他化自在諸天子等，魔眾梵眾，乃至有頂互相唱言：文殊師利今在兜率陀天方欲說法。諸天聞已，無數百千皆來集會，盡此欲界天宮所不容受。時文殊師利即以神力，令彼諸天自見寬廣不相妨礙。

爾時，善德天子白文殊師利言：大眾已集，願為說法。

## 【不思議佛境界經】（續上段）

爾時，善勝天子白文殊師利菩薩言：大士，今此大眾悉已來集，願以辯才闡明法教。

【釋義】 經文由此處起，說文殊師利在兜率陀天中為諸天說法。兜率陀天為彌勒菩薩所居之地，今時彌勒實已說法，所說之法名瑜伽行，是故文殊在此天中所說，亦即菩薩所應修習之瑜伽行法。

至於經中所說種種神通變化，實為一即是多，多即是一的表義，亦為其大無外，其小無內的表義。

## 【不思議佛境界經】

時文殊師利菩薩普告眾言：諸仁者，若諸菩薩，住四種行，則能成就一切善法。

何等為四：一者持戒，二者修禪，三者神通，四者調伏。若能持戒則成就多聞；若能修禪則成就般若；若得神通則成就勝智；若住調伏則能成就心不放逸。是故我言，若諸菩薩住於四行則能成就一切善法。

## 【善德天子會】

文殊師利告善德天子言：有四種法，菩薩住於不放逸者，則能攝取一切佛法。

何等為四：一者住於戒律而具多聞、二者住於禪定而行智慧、三者住於神通而起大智、四者住於寂靜而常觀察。

【釋義】 此處經文，《善德》較佳。依《善德》，菩薩若能住於不放逸而行四法，便能成就一切佛法，這是以不放逸為先決條件。這說法，比《佛境界》將不放逸列為四法之一法較佳。

若能不放逸，則可由住於戒律而成就多聞；住於禪定而成就智慧；住於神通而成就大智；住於寂靜而成就勝觀。

依此次第，行者須先能持戒，然後才能得聞法的「聞所成慧」；復由觀修禪定，即能得「修所成慧」；再由禪定的現證，由是能住於神通的境界，於一切經教以及觀修即能得勝解；更由勝解得決定見，如是即能入甚深勝觀，並由此可得現證。

這觀修次第，可以說為：抉擇、觀修、決定、現證。此中抉擇見依聞所成慧，此中決定見依觀修而得的勝解。

## 【不思議佛境界經】

諸仁者，當知持戒具足八法而得清淨，何等為八：一者身行端直、二者諸業淳淨、三者心無瑕垢、四者志尚堅貞、五者正命自資、六者頭陀知足、七者離諸詐偽不實之相、八者恆不忘失菩提之心。是名持戒八種清淨。

## 【善德天子會】

　　天子有八種法入於戒律，何等為八：一者身清淨、二者語清淨、三者意清淨、四者見清淨、五者頭陀功德清淨、六者命清淨、七者捨離一切詐現異相以利求利清淨、八者不捨一切智心清淨。是名八法入於戒律。

【釋義】　上來說四種行，今說第一種，住於戒律，此有八法。由此八法即得八種清淨，具如《善德》所說。

行者所修為身、語、意、功德、事業。所以經文所說的八法清淨，可涵蓋於此五種中。

經文說「身清淨」、「語清淨」、「意清淨」，其後更說「見清淨」，此可從屬於意；說「頭陀功德清淨」，則為功德清淨；說命清淨及捨離詐偽以求利，則為事業清淨。由此五種清淨，即得第八法清淨。至於第八法，《佛境界》說為「恆不忘失菩提之心」，《善德》則說為「不捨一切智心清淨」，二者稍有差異，但其密意則應相同，因為一切智心清淨，亦可以說即是菩提心，於勝義菩提心與世俗菩提心雙運時，這種心識狀態便可稱為智心。

經中說頭陀功德，即是行頭陀行所生功德。頭陀行有十二種，總括為去除貪著衣、食、住的修行，如只限三衣、一日一食、露地坐等。

經中說「命清淨」，所謂命，即指謀生的方法，如不依捕獵殺生等方法謀生即為命清淨。

經中說「詐偽不實之相」，即如未知詐知、未證詐證等。

## 【不思議佛境界經】

復次諸仁者，應知多聞亦以八法而得清淨，何等為八：一者敬順師長、二者摧伏憍慢、三者精勤記持、四者正念不錯、五者說釋無倦、六者不自矜伐、七者如理觀察、八者依教修行。是名多聞八種清淨。

## 【善德天子會】

天子復有八法入於多聞，何等為八：一者尊重、二者下心、三者發起精進、四者不失正念、五者隨聞受持、六者心善觀察、七者如聞轉教、八者不自讚毀他。是名八法入於多聞。

**【釋義】** 由持戒而得多聞，但亦應依法義入，所以說八種法入於多聞。《佛境界》與《善德》所說，次第不同，但都以「敬順師長」（尊重）為首，可見必須敬師始能成多聞。

又，《佛境界》之「說釋無倦」即是《善德》之「如聞轉教」。行者由聞得法，復須轉教他人，此為自利利他。

餘者隨文易知，不復作釋。

## 【不思議佛境界經】

復次諸仁者，應知禪定亦以八法而得清淨，何等為八：一者常居蘭若宴寂思惟、二者不共眾人群聚談說、三者於外境界無所貪著、四者若身若心捨諸榮好、五者飲食少欲、六者無攀緣處、七者不樂修飾音聲文字、八者轉教他人令得聖樂。

## 【善德天子會】

　　天子復有八法，入於禪定，何等為八：一者寂靜住阿蘭若、二者捨離憒鬧、三者不染境界、四者身心輕安、五者心緣定境、六者絕諸聲相、七者減食支身、八者不取聖樂。是名八法入於禪定。

【釋義】　不放逸行四種法，第二種為禪定。

此處亦以《善德》所說為佳。

「住阿蘭若」。阿蘭若（araṇya）即森林、樹下、茅蓬等修行人所住處。

「捨離憒鬧」即不聚眾。

「不染境界」即不貪外境。所以修行不必在風景優美處。

「身心輕安」即能入輕安的禪定境界。至於《佛境界》說「若身若心捨諸榮好」，那便只是生活中的身心輕安，無心理負擔便可稱為輕安。

「心緣定境」（無攀緣處），是說於禪定中無所緣而緣，此即定境，可見這裡所說的是佛乘的禪定（如來禪），非小乘禪，亦非菩薩所行禪。

「絕諸聲相」（不落修飾音聲文字），即如不落歌舞等。

「減食支身」（飲食少欲）即是飲食知足，能維持身體即可。

「不取聖樂」即是不久住禪定的覺受境界，這覺受境界為聖者所得之樂，所以稱為聖樂。若住而不捨，即更不能有所精進。《佛境界》作「轉教他人令得聖樂」，不能說不對，但涵意則不及《善德》所說之深。

## 【不思議佛境界經】

　　復次，諸仁者，應知般若亦以八法而得清淨，何等為八：一者善知諸蘊、二者善知諸界、三者善知諸處、四者善知諸根、五者善知三解脫門、六者永拔一切煩惱根本、七者永出一切蓋纏等惑、八者永離一切諸見所行。是名般若八種清淨。

## 【善德天子會】

天子復有八法入於智慧，何等為八：一者蘊善巧、二者界善巧、三者處善巧、四者緣起善巧、五者諦善巧、六者三世善巧、七者一切乘善巧、八者一切佛法善巧。是名八法入於智慧。

【釋義】　住不放逸的禪定能生智慧（般若），所以這裡便說入智慧的八法。《佛境界》所說與《善德》所說其實相同，譯文則似不同。

「蘊善巧」即是「善知諸蘊」。色、受、想、行、識是為五蘊，前面經文已說色如聚沫等，由是決定五蘊法同於法界，此即為「善知諸蘊」。

「界善巧」即是「善知諸界」。六根、六塵、六識合稱為十八界。前面經文已說五蘊法同於法界，法界則是非界，由是說無十八界，此即為「善知諸界」。

「處善巧」即是「善知諸處」。六根、六塵各可建立為處，此如由眼所入等共十二處，由五蘊法同於法界，亦可說十二處為無所有，此即為「善知諸處」。

「緣起善巧」即是善知因緣，前面經文對此亦有解說：「是五蘊者屬於因緣，若屬因緣，則不屬我不屬眾生，若不屬我不屬眾生是則無主，無主則無取，無取則無諍，無諍論者是沙門法。如手畫空無有觸礙，修行如是空平等性超過世間。」這是由密意來說緣起，能知此密意才能說為緣起善巧。有情常執六根為自我，所以能緣起善巧即能知無我，因此《佛境界》才說為「善知諸根」。

「諦善巧」即是「善知三解脫門」。諦指二諦，三解脫門中的空解脫門，由勝義諦而說；無相解脫門及無願解脫門，則依世俗的相及願來說，若

能於二諦善巧，不落勝義，亦不落世俗，亦即於智識雙運境中，不落智境，亦不落識境，是即能由空、無相、無願而入解脫門。

「三世善巧」即是「永拔一切煩惱根本」。三世指過去、現在、未來。於不二法門中，說為無時，即三世皆為虛妄，只是依識境的狀態而建立名言，此狀態並非真實，所以說為如幻，這是佛的甚深密意。對此密意，現代人已容易理解，由愛恩斯坦的相對論已可知時間的不真實，更有物理學家 Julian Barbour 著有 *The End of Time: The Next Revolution in our Understanding of the Universe* 一書，稱為認知宇宙的革命，他的結論正與不二法門相合。若能善知三世，即可說為「永拔一切煩惱根本」，因為一切煩惱的根本即是輪迴，若知無時，即無真實的輪迴可得。

「一切乘善巧」即是「永出一切蓋纏等惑」。因為佛施設一切乘，即是為了分別說一切蓋纏等惑。所以於一切乘善巧，即能出一切惑。

「一切佛法善巧」即是「永離一切諸見所行」。一切佛法，是由佛依眾生根器而施設種種法異門，依這些法門來斷除種種邪見、不究竟見，所以善巧一切佛法即能永離一切諸見所行。

比較《佛境界》與《善德》，後者所說依密意建立，前者則可以說為通俗。梵本有異，所異之處即在於此。

## 【不思議佛境界經】

復次，諸仁者，應知神通亦以八法而得清淨，何等為八：一者見一切色無有障礙、二者聞一切聲無所限隔、三者遍知眾生心之所行、四者憶念前際無礙無著、五者神足遊行遍諸佛國、六者盡一切漏而不非時、七者廣集善根而離諸散動、八者如初發誓願，恆為善友廣濟眾生。是名神通八種清淨。

## 【善德天子會】

天子，復有八法入於神通，何等為八：一者天眼通、見無障礙故、二者天耳通，聞無障礙故、三者他心通，觀一切眾生心故、四者宿命通，憶念前際故、五者神足通，示現一切神變故、六者漏盡通，盡一切眾生漏故、七者不住煩惱不取解脫，方便力故、八者不依聲聞解脫而入涅槃。是名八法入於神通。

**【釋義】** 不放逸行第三種法為神通，此處即說入神通之八法。

此處經文，《佛境界》與《善德》可互為補充。

「見一切色無有障礙」可入天眼通。

「聞一切聲無所限隔」可入天耳通。

「遍知眾生心之所行」可入他心通。

「憶念前際無礙無著」可入宿命通。

「神足遊行遍諸佛國」可入神足通。

「盡一切漏而不非時」可入漏盡通。

「廣集善根而離諸散動」得方便力，「不住煩惱不取解脫」。

「如初發誓願，恆為善友廣濟眾生」，是故「不依聲聞解脫而入涅槃」。

## 【不思議佛境界經】

　　復次，諸仁者，當知於智亦以八法而得清淨，何等為八：一者苦智，遍知五蘊；二者集智，永斷諸愛；三者滅智，觀諸緣起畢竟不生；四者道智，能證有為無為功德；五者因果智，知業與事無有相違；六者決定智，了知無我無眾生等；七者三世智，善能分別三世輪轉；八者一切智智，謂般若波羅蜜於一切處無不證入。是名為智八種清淨。

## 【善德天子會】

復有八法能入於智，何等為八：一者苦智、二者集智、三者滅智、四者道智、五者因智、六者緣智、七者三世智、八者一切智。是名八種。

**【釋義】** 　住入神通可得大智，是故此處即說八種智。此處以《佛境界》譯文為佳。

遍知五蘊即能遍知苦，因為一切苦皆緣五蘊所生，是即苦智。

能永斷諸愛，則能斷除執五蘊（集）為自我，是即無我無我所，是即集智。

觀一切法由緣生而成為有，超越緣起時，即知一切法畢竟不生，是即滅智。依瑜伽行義，緣起層層超越，此如由依他超越遍計、由圓成超越依他。此亦即四重緣起義，因為在依他中再分為相依、相對，是即成四重緣起。

由於觀修，得證有為無為功德，此即於有為法及無為法皆無障礙，是為道智。

能了知以業為因，以事為果報，因果同類，無有相違，如殺人者得被殺、意外喪生等果報。是即因果智。

由於觀修，得了知無人相我相眾生相，是即得「人無我」決定；得了知一切諸法自性本性空，是即得「法無我」決定（此處《善德》作「緣智」，可歸納在因果智內）。

由於觀修，得了知三世輪轉，即知前生、今生、後生，是即三世智。

行者證入深般若波羅蜜多，亦即證入不二法門、

如來藏，即於一切處無不證入，是即佛智，名為
一切智智。

## 【不思議佛境界經】

復次，諸仁者，應知調伏亦以八法而得清淨，何等為八：一者內恆寂靜、二者外護所行、三者不捨三界、四者隨順緣起、五者觀察諸法其性無生、六者觀察諸法無有作者、七者觀察諸法本來無我、八者畢竟不起一切煩惱。是名調伏八種清淨。

## 【善德天子會】

復有八法入於寂靜，何等為八：一者內寂靜、二者外寂靜、三者愛寂靜、四者取寂靜、五者有寂靜、六者生寂靜、七者一切煩惱寂靜、八者三界寂靜。是名八法。

【釋義】　此處《佛境界》經文混淆，應依《善德》，所說為入寂靜八法。至於所說八法，則應依《佛境界》。

心識寂靜，如不以心轉境，為內寂靜。

於外境所行寂靜，如不執持外境，為外寂靜。

入無願解脫門，不捨三界（不捨輪迴），為愛寂靜。

隨順緣起而取，是即知足而無濫取，為取寂靜。

善觀察諸法，得無生法忍，知諸法如何而成為有，是即有寂靜。

善觀察諸法，知無有作者，即知一切諸法任運圓成，是即生寂靜。

由觀修得入勝觀，於無生法忍中，一切煩惱畢竟不起，是即一切煩惱寂靜。

由觀修得現證，一切諸法本來無我，於識境中，盡離人我法我，是即三界寂靜。

## 【不思議佛境界經】

復次，諸仁者，應知不放逸亦以八法而得清淨，何等為八：一者不污尸羅、二者恆淨多聞、三者成就諸定、四者修行般若、五者具足神通、六者不自貢高、七者滅諸諍論、八者不退善法。是名不放逸八種清淨。

## 【善德天子會】

復有八法入於觀察，何等為八：一者戒、二者聞、三者禪定、四者智慧、五者神通、六者智、七者寂滅、八者不放逸。天子是名八法。

**【釋義】** 此處經文《佛境界》亦有混淆，應依《善德》。此說由八法入觀察。

依持戒而觀察；依聞法而觀察；依禪定作觀察；依般若作觀察；依神通作觀察；不自貢高而作觀察；若有諍論，依敵論而作觀察；不退善法而作觀察。

此中以不退善法而作觀察最為難能，當行者證入深般若時，無善與不善的分別，然而，仍應依世間因果區別善與不善，故行者非深入善巧智識雙運不可。此即八地以上菩薩之觀察。

## 【不思議佛境界經】

諸仁者，若諸菩薩住不放逸，則不失三種樂，何者為三：所謂諸天樂、禪定樂、涅槃樂。

又則解脫三惡道，何者為三：所謂地獄道、畜生道、餓鬼道。

又則不為三種苦之所逼迫，何者為三：所謂生苦、老苦、死苦。

又則永離三種畏，何者為三：所謂不活畏、惡名畏、大眾威德畏。

又則超出三種有，何者為三：所謂欲有、色有、無色有。

又則滌除三種垢，何者為三：所謂貪欲垢、瞋恚垢、愚癡垢。

又則圓滿三種學，何者為三：所謂戒學、心學、慧學。

又則得三種清淨，何者為三：所謂身清淨、語清淨、意清淨。

又則具足三種所成福，何者為三：所謂施所成福、戒所成福、修所成福。

又則能修三種解脫門，何者為三：所謂空解脫門、無相解脫門、無願解脫門。

又則令三種種性永不斷絕，何者為三：所謂佛種性、法種性、僧種性。

諸仁者，不放逸行有如是力，是故汝等應共修行。

## 【善德天子會】

菩薩安住不放逸故，諸佛菩提及菩提分法一切當得，是故天子應當依是不放逸住。汝等天子，依不放逸則三種樂常不損減，何等為三：一者天樂、二者禪樂、三者涅槃樂。

復次，諸天子依不放逸住者得離三苦，何等為三：所謂行苦、苦苦、壞苦。

又不放逸者超三種畏，何等為三：所謂地獄、餓鬼、畜生。

又不放逸者得超三有，何等為三：所謂欲有、色有、無色有。

復次，諸天子依不放逸住者得離三垢，何等為三：所謂貪垢、瞋垢、癡垢。

又不放逸於三學處當得圓滿，何等為三：所謂增上戒、增上心、增上慧。

不放逸者常得親近供養三寶，何等為三：所謂佛寶、法寶、僧寶。

【釋義】　由此段起，說不放逸行的功德，都隨文易知。《佛境界》與《善德》所說互有差異。

## 【不思議佛境界經】

復次，諸仁者，菩薩所行六波羅蜜，一一具有三所治障，若住不放逸速能除斷。

何等為三：謂自不布施、不欲他施、瞋能施者。

自不持戒、不欲他持、瞋能持者。

自不忍辱、不欲他忍、瞋能忍者。

自不精進、不欲他精進、瞋能精進者。

自不修定、不欲他修、瞋能修者。

自無智慧、不欲他有、瞋能有者。

如是名為菩薩六度一一見有三障差別，不放逸行之所除斷。

## 【善德天子會】

復次，依不放逸住者，得離三種波羅蜜障，何等為三：一者自慳、二者於行施人心生憎嫉、三者隨順慳人。

自破戒、憎嫉持戒者、隨順破戒人。

自瞋憎、嫉忍辱者、隨順瞋恚人。

自懈怠、憎嫉精進者、隨順懈怠人。

自散亂、憎嫉禪定者、隨順散亂人。

自無智慧、憎嫉智慧者、隨順無智人。

汝等諸天子，是名依不放逸住者當得遠離三波羅蜜障。

【釋義】　此處說離波羅蜜多障，可知文殊不二法門亦應由六波羅蜜多而入，是故觀修如來藏，亦不離此六者。何以故？因深般若波羅蜜多即不二法門，即如來藏。

經文隨文易知。

【不思議佛境界經】

復次，諸仁者，菩薩所行六波羅蜜，各以三法而得成滿，此三皆從不放逸生。何等為三 ——

布施三者，謂一切能捨、不求果報、迴向菩提。

持戒三者，謂重心敬授、護持不缺、迴向菩提。

忍辱三者，謂柔和寬恕、自護護他、迴向菩提。

精進三者，謂不捨善軛、無來去想、迴向菩提。

禪定三者，謂遍入諸定、無所攀緣、迴向菩提。

般若三者，謂智光明徹、滅諸戲論、迴向菩提。

如是名為菩薩六度一一三種能成滿法，不放逸行之所生長。

## 【善德天子會】

復次，諸天子，依不放逸住者，當得三種波羅蜜伴助。何等為三 ——

所謂施增長，不求果報，迴向菩提。

戒增長，不求生天，迴向菩提。

忍辱增長，於一切眾生不生害心，迴向菩提。

精進增長，種種善根無有厭足，迴向菩提。

禪定增長，心不散亂，迴向菩提。

智慧增長，常修善業，迴向菩提。

是名依不放逸住得此波羅蜜三伴助。

是故諸天子，住不放逸增長一切善法，佛所印可。


【釋義】　此處說行六波羅蜜多，若依不放逸行，即各各得三種助伴。所謂助伴，即修六波羅蜜多時，各依三法而為助修，隨文易知。

回向菩提行，為主要助伴，足見行者依菩提心而行之重要。甯瑪派大圓滿法，其初即名菩提心法，由此可見與不二法門實同一教法。依見立名，可名為不二法門；依修行立名，可名為大圓滿。此實即一佛乘的究竟教法。

## 【不思議佛境界經】

復次，諸仁者，一切菩薩以不放逸故，速得成就三十七種菩提分等所有善法，證於諸佛無上菩提。

云何速成菩提分法，謂諸菩薩以不放逸故，修四念處不經勤苦疾得圓滿。云何修耶，謂觀身處無所有、觀察處無所有、觀心處無所有、觀法處無所有，於一切法皆無所得，如是名為修四念處。

## 【善德天子會】

復次諸天子，應觀四念處，所謂無身住處，無受住處，無心住處，無法住處，無住處無建立處，是名念處。[4]


【釋義】 依甯瑪派教授，三十七菩提分為行持，亦即非觀修之所緣境，僅為日常生活之所依。

身與外境彼此相應，是故凡夫有身住處與覺受住處，二者實無所住，亦無建立處，即是身念住與受念住。

起心動念時，與法相應，是故凡夫有心住處與法住處（此法住處即心行相），二者實無所住，亦無建立處，即是心念住與法念住。

---

[4] 此段經文原在說四正勤之後，應為錯簡，今予以移置。

## 【不思議佛境界經】

又諸菩薩以不放逸故,修四正勤疾得圓滿。云何修習,謂諸菩薩,雖恆觀察一切諸法,本來無生、無得、無起、無有作者,猶如虛空,而為未生諸惡不善法令不生故,攝心正住勤行精進。

雖觀一切法無業無果,而為諸眾生已生諸惡不善法欲令斷故,攝心正住勤行精進。

雖信解一切法空無所有,而為未生諸善法欲令生故,攝心正住,勤行精進。

雖知諸法本來寂靜,而為已生諸善法欲令住故、不退失故、更增長故,攝心正住勤行精進。是諸菩薩,雖恆觀察一切諸法,無有所作、無能作者,體相平等,是中無有少法可得若生若滅,而常精進修習不捨,是則名為修正勤耳。

## 【善德天子會】

復次，一切法如虛空，是四正勤，應當觀察。何等為四：所謂諸法無作，未生不善法，為不生故發起精進；法性清淨，已生不善法，為除滅故發起精進；諸法寂靜，未生善法，令得生故發起精進；一切法無處無行，已生善法，住不失故發起精進。天子，是諸菩薩四正勤，佛所印可。

復次，諸天子，法性平等，無生無滅，依此法性無所得故，不作諸惡；順法性故，勤修眾善；如是修者為無所修，復次於一切法不取不捨，是名正勤。

【釋義】　四正勤總括來說，即是菩薩行的「諸惡莫作，眾善奉行」。此處由一切法本來無生而說，立足點便比由因果而說善惡為高。由說無生，即不離不二法門義。此中義理，詳見《佛境界》所說。

## 【不思議佛境界經】

又諸菩薩以不放逸故,修四神足疾得圓滿。云何修習,謂諸菩薩雖永斷欲貪,而恆不捨諸善法,欲若身、若心常修善行;雖觀諸法空無所得,而為化眾生勤行精進;雖了知心識如幻如化,而恆不捨具諸佛法成正覺心;雖知諸法無依無作不可取著,而恆隨所聞如理思惟,如是名為修習神足。

## 【善德天子會】

復次，應觀四如意足。一者、身心不懈，樂修善法故；二者、為成就一切眾生，發起精進，斷貪欲故；三者、一切法不可得，而證諸佛法故；四者、心如幻化，法無所依，超過一切取著故。

【釋義】　四如意足，依次為欲如意足、精進如意足、念如意足、思維如意足，即於行持中不忘所聞、所修之法，且能專注記憶不忘，復能由思維而得決定。

### 【不思議佛境界經】

又諸菩薩，以不放逸故，修習五根疾得圓滿。云何修習，謂諸菩薩，雖依自力而有覺悟，不從他聞，然教化眾生，令其了知發生深信；雖無來想亦無去想，而勤遍修行一切智行；雖於境界無念無憶，而於其中不忘不愚；雖以智光開了諸法，而恆正定寂然不動；雖常安住平等法性，而斷眾翳障戲論分別。如是名為修習五根。

## 【善德天子會】

復次，應觀五根。一者信根，決定安住於諸法中為上首故；二者精進根，遍修諸行成就佛身故；三者念根，具足諸法心善調柔無忘失故；四者定根，遠離攀緣不隨昏睡故；五者慧根，決斷諸法正觀現前不隨他故。

【釋義】　綜合《佛境界》與《善德》經文，即易知由不放逸行可得五根圓滿。

## 【不思議佛境界經】

又諸菩薩，以不放逸故，修習五力疾得圓滿。云何修習，謂諸菩薩，修信力時，一切外論不能傾動；修精進力，一切惡魔無能沮壞；以修念力，不入聲聞辟支佛地；修定力故，疾得遠離五蓋煩惱；以智慧力，永不取於諸見境界。是則名為修習五力。

## 【善德天子會】

　　何謂諸力，所謂安住如是諸法性中，一切煩惱無能沮壞，是名為力。


【釋義】　　此處說五力，即由不放逸行可得五種力用：信力、精進力、念力、定力、慧力。於五根增長時，即得五力。

　　　　　　《善德》說此五力為「安住如是諸法性中，一切煩惱無能沮壞」，是即說，行者能得心性解脫，自然安住法性，由是五根增長，五力得起功用，如是行者即不受一切煩惱所壞。

**【不思議佛境界經】**

又諸菩薩，以不放逸故，修七覺分疾得圓滿。云何修耶，謂諸菩薩，於一切善法恆不忘失，是修念覺分；於諸緣起常樂觀察，是修擇法覺分；行菩提道永不退轉，是修精進覺分；知法而足無所希求，是修喜覺分；遠離身心散動之失，是修猗覺分；入空、無相、無願解脫是修定覺分；離於生起學習之心，是修捨覺分。是名為修七覺分法。

## 【善德天子會】

　　住是力故便得勝法，如實了知非異非如，說名覺分。

【釋義】　　依密意，七覺分為——

　　「擇法覺分」，能善抉擇諸法。《佛境界》說為善觀緣起。

　　「精進覺分」，於法無有間雜，依佛密意而作修行。《佛境界》說為「行菩提道永不退轉」。所謂菩提道即佛密意所說一佛乘。

　　「喜覺分」，由得無上正法，心生歡喜。《佛境界》說為「知法而足無所希求」。

　　除覺分，能除諸見煩惱，遠離身心散動。《佛境界》名此為「猗覺分」。

　　「捨覺分」，能捨觀修所緣境，入無所緣而緣。《佛境界》說為「離於生起學習之心」。

　　「定覺分」，能了知禪定覺受。若仍依世間名言句義而起覺受，即非正覺。《佛境界》說為「入空、無相、無願」三解脫門。

　　「念覺分」，能思維所修無上法。《佛境界》說為「於一切善法恆不忘失」。

## 【不思議佛境界經】

又諸菩薩,以不放逸故,修八聖道疾得圓滿。云何修習,謂永離於斷常見故,名修習正見;離於欲覺恚覺害覺故,名修習正思惟;遠離自他不平等故,名修習正語;離於諂偽不實相故,名修習正命;離於怯弱身心事故,名修習正業;離自矜足慢他心故,名修習正勤;離諸惛愚,名修習正念;息諸分別,名修習正定。是名修習八聖道分。

## 【善德天子會】

若於諸法隨順覺了，由是道故。次第修行通達秘密，於法不動，說名聖道。

【釋義】 《善德》說八聖道，其成就為「通達秘密，於法不動」，此即能善知諸佛密意，且無退失。《佛境界》無此句。

依密意說，八聖道為 ——

正見，能見無上法，如得無生法忍，依智識雙運而正見生滅、常斷、一異、來去等。

正思維，離於識覺而思維。《佛境界》說為「離於欲覺、恚覺、害覺」。

正語，一切言說離於自他不平等。

正業，依言說，說為住於清淨事業；依密意，即如《佛境界》所說，「離於怯弱身心事」。因為住大平等性實不容易，須不怯弱，才能成就大平等行。

正命，「離於諂偽不實相」而謀生。

正勤（一般說為正精進），可依《佛境界》說為「離自矜足慢他心」。

正念，可依《佛境界》說為「離諸惛愚」。

正定，可依《佛境界》說為「息諸分別」。

## 【不思議佛境界經】

諸仁者，我以如前所説之義，言諸菩薩住不放逸則得成就三十七種菩提分等一切善法，證於諸佛無上菩提。諸仁者，此不放逸菩薩，入於如是菩提分法已，則出一切生死淤泥。出生死已，於一切法，都無所見，無所見故無所言説，無所言説故則得入於畢竟寂靜。

云何名為畢竟寂靜：以一切法非所作，非所作故不可取，不可取故無有用，無有用故不可安立。以之為有，不可安立以為有故，應知即是畢竟寂靜。

説是法時，會中有一萬二千天子，遠塵離垢法眼清淨。

## 【善德天子會】

是故諸天子，應如是修三十七品菩提分法，出過諸行無復障礙，智慧熾然究竟寂靜。云何名為究竟寂靜，謂諸法無起亦無所盡，無所盡故則無所作，無所作故，亦非無作、無受、無受者、無施設，是名究竟寂靜。

說此法時，一萬二千天子，於諸法中得法眼淨。

【釋義】　此說入三十七菩提分法，即能得入畢竟寂靜。

說畢竟寂靜，以《善德》較佳。謂「諸法無起亦無所盡」，是即說一切法，無生無滅、無常無斷、無一無異、無來無去。是即龍樹《中論》所說之「八不」。

由無所起無所盡，即可決定一切諸法實無作者，亦無受者。世間所謂作者受者，實依名言句義而施設，若離一切施設，即得畢竟寂靜（究竟寂靜）。

經文至此，告一段落，下來說菩薩道。

## 【不思議佛境界經】

爾時,善勝天子復白文殊師利菩薩言:大士云何名修行菩薩道?

文殊師利菩薩言:天子,若菩薩雖不捨生死,而不為生死諸惡所染;雖不住無為,而恆修無為功德;雖具修行六波羅蜜,而示現聲聞辟支佛行。是名修行菩薩道。

## 【善德天子會】

爾時，善德天子白文殊師利言：菩薩云何修習於道？

文殊師利言：天子，若諸菩薩不捨生死，而令眾生入於涅槃；不捨愛取，而拔出眾生令立聖道，是名菩薩修習於道。

【釋義】　此處說菩薩道，《佛境界》與《善德》所說有所開合，彼此可以融匯。

菩薩不捨生死，即是出離識境而得悟入智識雙運，由雙運故，得「不為生死諸惡所染」，亦得「令眾生入於涅槃」。

菩薩不住無為而恆修無為功德，由是即可「拔出眾生令立聖道」。

至於「雖具修行六波羅蜜，而示現聲聞辟支佛行」，是即雖依智境而修，但亦示現為識境所應行。

由上來所說，即知此處所說菩薩道，實即觀修如來藏之道。

## 【不思議佛境界經】

　　復次天子，若菩薩雖於空清淨，而善示諸境，亦不取於境；雖於無相清淨，而善入諸相，亦不執於相；雖於無願清淨，而善行三界，亦不著於界；雖於無生無滅清淨，而善說生滅，亦不受生滅。所以者何，此調伏心菩薩，雖了知一切法空無所有，然以諸眾生於境界中而生見著，以見著故增長煩惱，菩薩欲令斷諸見著，而為說法，令知一切境界是空，如說於空、無相、無願，無生無滅皆亦如是，是名修行菩薩道。

## 【善德天子會】

復次天子，修習道者，善巧安住清淨性空。何以故，菩薩以寂靜心，見一切法自性清淨，為諸眾生樂著諸見，安住隨眠無方便者，演說諸法自性空義。所以者何，是諸眾生，於自性空中而生見故，是菩薩以無相、無願、無所作，一切法自性不生，為諸凡夫久習煩惱生滅見者，於此無生令得信樂，而於生滅亦無所動。天子，是名菩薩修習於道。

【釋義】　此處說菩薩於空清淨、於相清淨、於願清淨、於生滅法清淨，然而卻並非捨離於境、捨離於相、捨離於願、捨離生滅，這正是住入智識雙運境界之所行。

《善德》說得比較深入。菩薩為何演說諸法自性空義，因為一切諸法自性即是本性，是故自性空為法爾，然而諸眾生卻「於自性空中而生見」，是即於本來「自性本性空」的諸法生種種見地，由是菩薩始依究竟義說自性空，令諸眾生得無生法忍。由此可見，但說緣生便說性空，實在只是自安立的推理，非一佛乘的菩薩道，亦非龍樹菩薩之所說。

## 【不思議佛境界經】

復次天子，有往有復，名修菩薩道。

云何名為有往有復，觀諸眾生心所樂欲，名之為往，隨其所應而為說法，名之為復。

自入三昧名之為往，令諸眾生得於三昧，名之為復。

自行聖道名之為往，而能教化一切凡夫，名之為復。

自得無生忍名之為往，令諸眾生皆得此忍，名之為復。

自以方便出於生死，名之為往，又令眾生而得出離，名之為復。

心樂寂靜名之為往，常在生死教化眾生，名之為復。

自勤觀察往復之行，名之為往，為諸眾生說如斯法，名之為復。

修空、無相、無願解脫，名之為往，為令眾生斷於三種覺觀心故而為說法，名之為復。

堅發誓願，名之為往，隨其誓願拯濟眾生，名之為復。

發菩提心願坐道場，名之為往，具修菩薩所行之行，名之為復，是名菩薩往復之道。

說此法時，會中有菩薩五百人，皆得無生法忍。

## 【善德天子會】

復次天子，應見菩薩去來之道。

諸天子言：文殊師利，云何菩薩去來之道？

文殊師利言：天子，菩薩證菩提而去，如應說法而來。

得諸禪解脫而去，現生欲界中來。

入於聖道故去，大悲成熟眾生故來。

得無生法忍而去，忍受眾生故來。

於一切法出離故去，拔出眾生故來。

誓願堅固而去，誓願無自性而來。

三解脫門而去，故受生而來。

菩提道場故去，為安立眾生於菩提故來。

天子，是名諸菩薩去來之道，說此菩薩道時，五百菩薩得無生法忍。

【釋義】　此處說往復（或來去），實廣說如來藏的智識雙運境界。出離識境入於智境，即是往（去），雖入智境而不捨識境，由是依智境與識境雙運而見一切法，即是復（來）。

《佛境界》與《善德》所說的往復稍有開合，然而都合乎智識雙運。無生法忍實亦應依智識雙運境界而證，若偏墮於無生邊，便可能破壞世間法，所以無生法忍實在是：知由無生而生一切，如是便不破壞世間而得見世間實相。此實相，佛說為如夢、如幻、如鏡影，其實即是令諸眾生悟入「自性本性」，夢中人以夢性為自性、幻化人以幻性為自性、鏡中人以鏡性為自性，是即「自性本性空」，於自性本性空中，一切法無所得，無所建立，無一法可以成為眾生的真實依處，所以菩薩便須要「往」，亦即捨離一切識境而悟入智境。可是，於現證智境的同時，由大平等性故，亦不能離棄識境，所以菩薩於「往」的同時，還須要「復」，是即成智識雙運的境界。

說菩薩道，知「往復」至為重要。

## 【不思議佛境界經】

爾時,善勝天子白文殊師利菩薩言:大士,我曾聞有一切功德光明世界,如是世界在何方所,佛號何等,於中說法?

文殊師利菩薩言:天子,於此上方過十二恆河沙佛土,有世界名一切功德光明,佛號普賢如來應正等覺,在此土中演說正法。

善勝天子言:大士,我心欲見彼之世界及彼如來,惟願仁慈示我令見。

時文殊師利菩薩,即入三昧,此三昧名離垢光明,從其身中放種種光,其光上徹十二恆河沙佛土,至一切功德光明世界,種種色光遍滿其國。彼諸菩薩見是光已得未曾有,合掌恭敬,白普賢如來言:世尊,今此光明從何所來。普賢佛言:善男子,於此下方,過十二恆河沙佛土,有世界名娑婆,佛號釋迦牟尼如來應正等覺,今現在彼敷演法教。彼有菩薩名文殊師利,住不退轉,入離垢光明三昧,於其身中放種種光,其光遠至十方無量阿僧祇世界,一一世界光悉充滿,是故今者有此光明。

彼諸菩薩復作是言:世尊,我等今者,皆願得見娑婆世界釋迦牟尼佛及文殊師利菩薩。爾時,普賢如來即於足下千輻相中放大光明,其光朗曜,過彼下方十二恆河沙佛土,入此世界光悉周遍,彼諸菩薩以佛光明,莫不見此娑婆世界及釋迦牟尼佛諸菩薩等,此土菩薩亦見彼國及普賢如來并菩薩眾。爾時,普賢如來告諸菩薩言:娑婆世界恆說大法,汝等誰能往彼聽受。

眾中有菩薩,名執智炬,從座而起,白言:世尊,我今願欲承佛神力往娑婆世界,惟願如來垂哀見許。

## 【善德天子會】

爾時，善德天子白文殊師利言：我等曾聞有世界名一切功德光明，為在何處，何等如來於中說法？

文殊師利言：天子，彼一切功德光明世界，在於上方，過十二恆河沙佛剎，普賢如來於中說法。

諸天子言：我等願欲見彼世界及彼如來。

爾時，文殊師利，即入光明莊嚴三昧，以三昧力放大光明，過十二恆河沙佛剎，遍照一切功德光明世界。時彼菩薩問：此光明從何所來。彼佛告言：善男子，下方過十二恆河沙佛剎，有世界名娑婆，彼土有佛名釋迦牟尼如來應正等覺，在世說法。彼有菩薩名文殊師利，入光明莊嚴三昧，放大光明遍照十方無量佛剎，是其光明來照此會。

彼諸菩薩即白普賢如來：我等願見釋迦牟尼世尊及文殊師利菩薩。時普賢如來放大光明，照十二恆河沙佛剎，至娑婆世界，令彼菩薩分明見此菩薩眾會。時彼世尊告諸菩薩：誰能往彼娑婆世界。

爾時，持法炬菩薩摩訶薩白佛言：世尊，我能往彼娑婆世界。

佛言：今正是時。

爾時，持法炬菩薩，與十億諸菩薩俱，於彼國沒，現兜率陀天，放大光明遍照世界。時諸天龍、夜叉、乾闥婆、阿修羅、迦樓羅、緊那羅、摩睺羅、伽釋梵護世諸天子等，及諸聲聞菩薩大眾，得未曾有，作如是言：此諸菩薩，遊戲神通甚為希有。

## 【不思議佛境界經】（續上段）

普賢如來言：善男子，今正是時，當疾往詣。

爾時，執智炬菩薩，與諸菩薩十億人俱，頭頂敬禮普賢如來，合掌恭敬右遶七匝，於彼國沒，譬如壯士屈伸臂頃，到娑婆世界兜率天宮，善住樓觀中文殊師利菩薩眾會之前，曲躬合掌，禮文殊師利菩薩足，而作是言：大士，汝所舒光至於我國，我世尊普賢如來應正等覺，垂許我等來此世界，為見大士，禮事瞻仰，聽聞法故。

爾時，欲色界諸天子，見彼國土諸來菩薩已，咸作是言：善哉善哉，不可思議，甚為希有，甚為希有。文殊師利善權大士，乃有如是神通變化，以三昧力放是光明，而能至彼上方世界，令諸菩薩疾來詣。此時文殊師利菩薩，復為大眾廣宣妙法，眾中有七十二那由他諸天子眾，深生信解，發阿耨多羅三藐三菩提心。

## 【善德天子會】（續上段）

　　爾時，眾會因此光明，見一切功德光明世界，及見普賢如來國界莊嚴，於一劫中說不能盡。當此文殊師利現神變時，七那由他諸天子等，發阿耨多羅三藐三菩提心。

【釋義】　此處說普賢王如來國土，及執智炬（持法炬）菩薩來此世間的故事。說有異佛剎的菩薩來隨喜，幾乎已是說不二法門經的通例。成就識境是名普賢，其國土不同釋迦的化土，是即說有種種時空不同的識境。如是顯示一切識境的平等性，識境與智境亦當然平等。

　　普賢王如來既表義為智識雙運，所以他的光明世界便稱為「一切功德」，所謂一切功德，即是成就一切識境，這即是如來法身功德。普賢王如來既具如來法身功德，當然亦具如來法身，如是智識雙運。依如來藏義，一切眾生亦與普賢王如來平等，所以說眾生心識都有未顯露的佛性，還有未顯露的本覺。如是即是大平等性。

　　執智炬或持法炬，即持炬遍照，以智遍照或以法遍照，都顯示了大平等性。

## 【不思議佛境界經】

爾時，文殊師利菩薩，於兜率天宮所為事畢，與諸菩薩釋梵四天王等無量諸天，及一切功德光明國土諸來菩薩，不起於坐，於天宮沒，一念之間到於佛所，皆從座起頂禮佛足，合掌恭敬右遶七匝，遶佛畢已。

時執智炬菩薩，與其同類十億人，前白佛言：世尊，普賢如來致問起居，少病少惱，安樂行不。于時世尊，如法慰問諸菩薩已，普觀一切諸來大眾，勅令復坐，廣為說法莫不歡喜。

爾時，世尊復告眾言：汝等當知，此文殊師利童子、執智炬菩薩，為欲成熟無量眾生，現此神通變化之事。此二丈夫，已能成就種種方便，獲於深理，智慧辯才，已於無量阿僧祇劫施作佛事，為眾生故生於世間。若有眾生得見此二菩薩者，應知則得六根自在，永不入於眾魔境界。

爾時，執智炬菩薩，及所同來諸菩薩眾，入此國土得見世尊，聽聞法故，證無生忍，既得忍已，右遶於佛，敬禮雙足。當爾之時，此三千大千世界為之震動。是諸菩薩即於佛前沒而不現，須臾之頃還到本國。

## 【善德天子會】

爾時，持法炬菩薩白文殊師利言：可共禮覲釋迦如來。時文殊師利，於彼天子應可度者皆悉度已，與持法炬諸菩薩眾，及大聲聞、天龍、夜叉、乾闥婆等，往詣佛所，到已頂禮佛足却住一面。

爾時，持法炬菩薩白佛言：世尊，普賢如來問訊，世尊，少病少惱，起居輕利安樂行不。爾時世尊，告彼諸菩薩言：善男子，此文殊師利，及持法炬正士，神通變化智慧光明，成熟眾生奉事諸佛，一切菩薩，不能知其智慧方便深入邊際。汝善男子，應當學此文殊師利，及持法炬正士并諸菩薩，所有神通辯才智慧，奉事諸佛成熟眾生，此諸正士無數劫來，從一佛剎至一佛剎，常作佛事，若諸眾生入此正士境界，當來不復墮於魔界。

【釋義】　　這段經文的重點，在於釋迦稱讚文殊師利菩薩及執法炬菩薩，獲於深理，智慧辯才，只是因為救度眾生才不成佛，如是即是已入三解脫門：獲於深理是空解脫門；智慧辯才是無相解脫門（不落言說即是無相）；救度眾生而不成佛是無願解脫門。

# 後分

## 【不思議佛境界經】

爾時，世尊告長老阿難言：此法門汝當奉持，廣為人說。

阿難言：唯，世尊。此法門當何名之，云何奉持？

佛言：此法門，名文殊師利所說不思議佛境界。如是奉持。

佛說此經已，善勝天子長老阿難，及一切世間天人，阿修羅、乾闥婆等，皆大歡喜，信受奉行。

## 【善德天子會】

　　爾時，世尊告長老阿難：汝善持此法門，不斷三寶種故。

　　爾時，持法炬菩薩摩訶薩從此會起，與其眷屬還本佛剎。

　　佛說此經已，善德天子、長老阿難，一切世間天龍、乾闥婆、阿修羅等，聞佛所說，皆大歡喜。


【釋義】　　此為囑咐分。《善德》說，佛告阿難：「汝善持此法門，不斷三寶種故。」可見對本經的珍重，說本經能維持佛、法、僧種，足知末法時期，不二法門教法、如來藏教法、諸佛密意教法實有危機，因為眾生都落於言說，以善知識自居的人，亦唯落言說來教導眾生，此即危機之所在。讀者於此須知所應珍重。

　　吉祥。

# 主編者簡介

**談錫永**，廣東南海人，1935年生。童年隨長輩習東密，十二歲入道家西派之門，旋即對佛典產生濃厚興趣，至二十八歲時學習藏傳密宗，於三十八歲時，得甯瑪派金剛阿闍梨位。1986年由香港移居夏威夷，1993年移居加拿大。

早期佛學著述，收錄於張曼濤編《現代佛教學術叢刊》，通俗佛學著述結集為《談錫永作品集》。主編《佛家經論導讀叢書》，並負責《金剛經》、《四法寶鬘》、《楞伽經》及《密續部總建立廣釋》之導讀。其後又主編《甯瑪派叢書》及《大中觀系列》。

所譯經論，有《入楞伽經》、《四法寶鬘》（龍青巴著）、《密續部總建立廣釋》（克主傑著）、《大圓滿心性休息》及《大圓滿心性休息三住三善導引菩提妙道》（龍青巴著）、《寶性論》（彌勒著，無著釋）、《辨法法性論》（彌勒造、世親釋）、《六中有自解脫導引》（事業洲巖傳）、《決定寶燈》（不敗尊者造）、《吉祥金剛薩埵意成就》（伏藏主洲巖傳）等，且據敦珠法王傳授註疏《大圓滿禪定休息》，著作等身。其所說之如來藏思想，為前人所未明說，故受國際學者重視。

近年發起組織「北美漢藏佛學研究協會」，得二十餘位國際知名佛學家加入。2007年與「中國人民大學國學院」及「中國藏學研究中心」合辦「漢藏佛學研究中心」主講佛學課程，並應浙江大學、中山大學、南京大學之請，講如來藏思想。

# 全佛文化圖書出版目錄

全套購書85折、單冊購書9折
（郵購請加掛號郵資60元）
全佛文化事業有限公司
新北市新店區民權路95號4樓之1
訂購專線:886-2-2913-2199
傳真專線:886-2-2913-3693

匯款帳號:3199717004240
　　　　　合作金庫銀行大坪林分行
戶名:全佛文化事業有限公司
全佛文化網路書店
www.buddhall.com
*本書目資訊與定價可能因書本再刷狀況而有
變動，購書歡迎洽詢出版社。

離言叢書5

# 《文殊師利二經密意》

主　　編　談錫永
作　　者　談錫永
美術編輯　李　琨
封面設計　張育甄
出　　版　全佛文化事業有限公司
　　　　　訂購專線：(02)2913-2199
　　　　　傳真專線：(02)2913-3693
　　　　　發行專線：(02)2219-0898
　　　　　匯款帳號：3199717004240 合作金庫銀行大坪林分行
　　　　　戶　　名：全佛文化事業有限公司
　　　　　E-mail：buddhall@ms7.hinet.net
　　　　　http://www.buddhall.com
門　　市　新北市新店區民權路108-3號10樓
　　　　　門市專線：(02)2219-8189
行銷代理　紅螞蟻圖書有限公司
　　　　　台北市內湖區舊宗路二段121巷19號（紅螞蟻資訊大樓）
　　　　　電話：(02)2795-3656
　　　　　傳真：(02)2795-4100


初　　版　2014年01月
初版二刷　2019年08月
定　　價　新台幣420元
ＩＳＢＮ　978-986-6936-82-1（平裝）

國家圖書館出版品預行編目資料

文殊師利二經密意 / 談錫永著
-- 初版.--新北市：全佛文化, 2014.01
面；　公分. -（離言叢書；5）

ISBN 978-986-6936-82-1(平裝)

1.般若部
221.46　　　　　　　102028048

BuddhAll

All is Buddha.

BuddhAll.

BuddhAll